PAPIERS D'IDENTITÉS

Souvenirs souvenirs !

J'en cause !

amitiés

[illegible]

JEAN-PIERRE VERSINI-CAMPINCHI

PAPIERS D'IDENTITÉS

LES ÉDITIONS DU CERF

Merci à JJR

Merci à Hélène Giovannetti dont le concours constant et minutieux m'a été précieux.

www.editionsducerf.fr
24, rue des Tanneries
75013 Paris

ISBN 978-2-204-13849-9

Préface

Il est agaçant Jean-Pierre Versini-Campinchi : il ne fait rien comme tout le monde. Pas sûr qu'il le fasse exprès. Cela semble davantage une pente naturelle qu'une coquetterie. Encore qu'il cultive un peu le genre.

Tenez, ce bouquin par exemple. Les grands avocats, les « ténors » selon la ridicule expression consacrée (comme s'il ne pouvait pas y avoir des altos ou des barytons...), lorsqu'ils arrivent à cet âge avancé, ne peuvent résister à la tentation de confier à un éditeur l'immortel récit de leurs faits d'armes, de « leurs » grands procès qu'ils ont magnifiquement gagnés, seuls contre tous. Versini, lui, raconte quelques procès... qu'il a perdus. Il les trouve plus intéressants. Surtout, il est tellement mauvais perdant qu'il ressasse sa rancœur avec la même fraîcheur qu'au lendemain du verdict. Et puis, il n'oublie pas, lui, ceux qu'il n'a pas réussi à tirer des griffes obtuses de la Justice.

Mais passons, ce n'est pas l'essentiel de cet ouvrage singulier.

Versini joue au Petit Poucet. Il sème sur les routes, les chemins, les sentiers de sa vie, les petits cailloux qui lui permettront, espère-t-il, d'en remonter les fils, jusqu'à ses « identités ». L'entreprise est audacieuse, car des petits cailloux, il en laisse partout. Sur la piste des Antilles, sur les montagnes corses, sur les méandres qui conduisent au parloir d'une prison, sur les restes des tranchées de la Grande Guerre, sur le miracle de l'amour de plusieurs mères, sur le souvenir d'un étrange médecin de campagne et de sa vieille maison plantée dans les plaines picardes, sur les bifurcations improbables qui conduisent inexorablement vers la Justice et le Barreau.

Et puis incidemment, comme par inadvertance, il traite l'air de rien, de sujets graves.

Comment s'y retrouver, dans un tel bazar ? Ce n'est plus une piste, c'est une gravière. Les lignes inextricables, l'invraisemblable écheveau dessiné par ce Petit Poucet facétieux feraient passer l'échangeur de Bagnolet pour une épure. Il ne faut pas espérer s'y retrouver, c'est fait pour s'y perdre. Et pour deviner petit à petit, au fil des pages, une silhouette, dans le contre-jour d'une identité en pièces.

À chacun de procéder aux vérifications d'usage. Ces *Papiers d'identités* ne passeront aucun contrôle. C'est un secret, un trésor, une richesse, dont la police ne saurait s'accommoder.

LOUIS-MARIE HOREAU

Ceci n'est pas une autobiographie.

Évidemment, j'aurais voulu raconter l'histoire de ma vie en la commençant par une chasse à la bartavelle pour la terminer par le récit de la grande peste de Marseille ; malheureusement, aussi bien que Marcel Pagnol il n'y a que Perrault et ses contes.

Prendre la plume n'est pas chose aisée pour qui a exercé toute sa vie le métier d'avocat, et c'est singulier ! puisque nous ne cessons jamais d'écrire, de dicter ou de taper sur un clavier. Pourtant, ma vie professionnelle durant, je n'ai jamais réussi à écrire plus de dix pages, à l'occasion de la rédaction d'une assignation, de conclusions ou d'une plainte. Mes magistrats savent que c'est de moins en moins l'usage de ma profession, qui a plutôt tendance à tirer à la ligne.

Si j'aborde ici mon enfance, ma jeunesse, ma vie professionnelle, ce ne sont que des prétextes. Mon propos, plus qu'autobiographique, est « politique », au sens figuré du terme. Je raconte en fait d'où je viens ethniquement, culturellement, socialement, avatars de la vie compris, pour tenter d'expliquer ce que je suis devenu et aborder cette question universelle de « l'identité » qui m'a toujours animé et qui est plus qu'hier prégnante dans notre société.

Moi qui ai presque toujours privilégié l'inné à l'acquis, j'ai peut-être changé d'avis en écrivant ce livre. Mes histoires familiales et professionnelles, avec leurs mouvements parfois chaotiques, forment un ensemble qui borne les identités qui m'ont construit. Kaléidoscope, juxtaposition de souvenirs et d'anecdotes, ces fragments de vie et parfois de réflexions sur ceux-ci se sont petit à petit solidifiés de telle manière que j'ai pu mener à bien la rédaction de ce livre – conçu par couches successives – très vite. Il a eu en effet le temps de maturer pendant des années et je pense que chacun d'entre nous pourrait en écrire un semblable, avec d'autres histoires qui dessineraient tout autant les contours d'une vie, c'est-à-dire d'une identité multiple.

Je suis corse, je suis antillais, je suis amblenois. Je suis le fils d'un père polyamoureux qui fut emprisonné et d'une mère poétesse, j'ai été élevé entre la Picardie et l'Afrique, entre un grand-père haut magistrat et plusieurs mamans, je suis devenu avocat à Paris.

Ceci est l'histoire du Gaulois que je suis.

Première Partie

UNE FAMILLE INATTENDUE

AMBLENY (AISNE)
MA FAMILLE ANTILLAISE

L'arrivée

Ils sont arrivés par le train de Paris un jour de l'hiver 1899, elle toute frêle assurément, avec talons, chapeau, corset, voilette, lui, portant beau, col cassé, costume trois-pièces, bottines et de nombreux bagages.

Il est né en 1867, il a donc trente-deux ans, elle, probablement, comme c'était l'usage en ce temps, moins de vingt-cinq ans. Ils se sont mariés en effet l'an passé.

Ils sont descendus de l'express Paris-Laon qui s'arrête, encore aujourd'hui, à Villers-Cotterêts. Il leur a fallu prendre une calèche et son cocher pour rejoindre le village, qui est à dix-sept kilomètres de la gare de Villers-Cotterêts.

Ils auront eu le temps d'admirer ce qui pour eux devait être un grand étonnement, la somptueuse forêt domaniale, l'ancienne forêt royale de Retz, une des plus vastes (quinze mille hectares) et des plus giboyeuses en grands animaux de toute la France. Cette forêt est exclusivement plantée de hêtres et de chênes. Ensuite, ils ont débouché sur le plateau, l'immense plateau de craie et de terre céréalière, la meilleure de France certainement avec la Beauce. Ici pas un seul arbre, mais des champs jusqu'à l'infini de l'horizon et puis, piquetées çà et là des fermes énormes, parfois fortifiées, des fermes de cinq cents hectares, de cinquante chevaux de labour, des étables, des basses-cours, des maisons d'ouvriers agricoles qu'on appelle alors des domestiques de ferme pour les opposer aux domestiques de maison, enfin la maison du maître, le « cultivateur », au milieu de tout – il n'est souvent que le fermier du duc de Luynes ou du Prince de Monaco qu'il paie d'un sac de blé par an.

Un fourmillement d'hommes, de femmes et d'enfants dans les champs où les betteraves se binent encore et où le blé se fauche. Un essaim de métiers disparus, cordonnier, forgeron, charron, bourrelier, cantonnier et même scieur de long.

Les géographes appellent cette microrégion : la plaine festonnée de l'Aisne.

La grande culture, le blé, l'orge, la betterave, la pomme de terre de notre pays, c'est ici.

Les villages sont invisibles du plateau, ils sont tous nichés dans les creux formés à travers la craie par les rivières que l'on appelle ici les rus.

Mais au fait l'Aisne, c'est où ?

La question donne souvent lieu à des réponses hésitantes et toujours évasives. C'est pourtant le cœur de l'histoire de la France. Le vase de Soissons, Brunehaut et Frédégonde, Clovis évidemment. Le département de l'Aisne s'allonge de la Marne, à cinquante kilomètres de Paris, jusqu'à la frontière belge. Il est pour moitié – celle qui intéresse notre histoire – de l'ancienne province de l'Île-de-France qui s'étendait jusqu'au chef-lieu du département, Laon, et au-delà ce sont terres picardes. C'est un département de la région Picardie, que la réforme territoriale de 2014 a fait fusionner avec le Nord – Pas-de-Calais pour former les Hauts-de-France.

Évasif sur l'Aisne et donc sur ses habitants, de souche paysanne, qui parlent peu, se déplacent peu, manifestent peu, je dois pourtant dire que c'est le département de toute la France, après celui de la Seine, où sont nées le plus de célébrités et, quand je dis célébrités : Jean de la Fontaine, Jean Racine, Alexandre Dumas, Paul Claudel et sa sœur, Condorcet, Babeuf, Camille Desmoulins, Jean Mermoz, et même Fouquier-Tinville ! Et j'oublie quantité de rois francs ou mérovingiens.

Vous aurez compris que je suis de l'Aisne même si je n'ai absolument aucune attache de sang avec ce territoire.

Je reviens à mon jeune couple dans la calèche. Comme ils sont venus de Villers-Cotterêts, ils ont traversé Cœuvres où se trouve le reste imposant du château natal d'une célèbre favorite du bon roi Henri, Gabrielle d'Estrées, à laquelle le roi dépêchait un coursier pour lui annoncer son arrivée proche avec ce message : « Ne vous lavez pas, Madame, j'arrive ! » alors qu'il était encore à huit jours de cheval !

Et puis ils sont arrivés au village, un bourg et ses cinq hameaux, mille deux cents habitants à l'époque, mille deux cents habitants cent vingt ans plus tard, même s'ils n'ont plus du tout les occupations d'hier. Ils sont arrivés à Ambleny où ils mourront tous les deux, l'épouse avant la deuxième guerre mondiale vers l'âge de soixante ans, l'époux à quatre-vingt-trois ans.

Ils sont arrivés là où ils seront enterrés.

Lui s'appelle Sextus Pierre François Anatole Agricole – oui, je ne l'invente pas – et sa douce, Éléonore Hayot.

Il se fera appeler Pierre Agricole et, pour la famille, ce sera soit Sex, sans l'ombre d'une connotation grivoise, juste le diminutif, soit Tonton.

Il est le docteur en médecine que le village attend depuis bien longtemps, le médecin accoucheur, surtout en ces temps où les humains naissent dans le lit matrimonial, le médecin qui sera celui non seulement du village, mais de tout le canton, c'est-à-dire d'une dizaine de bourgs qu'il commencera de rejoindre en calèche avec un petit cheval, puis en automobile très vite, très tôt, dès avant la Grande Guerre puisqu'il aura le permis de conduire n° 2 du département, le n° 1 étant celui du préfet.

Quand Pierre Agricole mourra en 1951, il sera porté en terre de sa maison à l'église puis de l'église au cimetière à dos de six hommes qu'il aura aidés à naître. Et puis il aura son buste dans la cour devant l'école, buste qui est aujourd'hui protégé des intempéries dans la salle du conseil municipal, celle des mariages. Quand il mourra, le conseil municipal débaptisera une partie de la rue Quillette, celle qui longe la maison que Pierre Agricole s'est fait construire dès 1902. Cette portion de rue, je dirais de la route qui va de Villers-Cotterêts à Coucy-le-château, s'appelle la rue du Docteur Agricole.

Rien que de très banal, on peut vous raconter la même histoire dans toutes les provinces de la France. Ce qui l'est moins, c'est que le docteur Pierre Agricole a la couleur de peau de Louis Armstrong ou de Morgan Freeman et Éléonore Hayot ; sa femme, celle de Joséphine Baker.

Ils sont l'un et l'autre nés à la Martinique, lui à peine vingt ans après l'abolition de l'esclavage, et si Éléonore doit avoir un peu de « blanchitude », Pierre Agricole a la couleur de l'Afrique noire.

Comment arrive-t-il à Ambleny, cet étrange médecin ? Par le fruit de l'organisation administrative du pays. Arrivé en France bachelier, il entre à la faculté de médecine de Toulouse et, études terminées, stages hospitaliers accomplis, il demande évidemment à pouvoir s'installer à la Martinique. L'administration lui répond qu'à la Martinique il y a déjà trop de médecins, comme trop d'avocats. En revanche, l'administration, organisée et centralisée comme l'armée, lui indique que très loin au nord, entre les causses du Quercy et la Wallonie, il est un village qui attend un docteur en médecine depuis trop longtemps, depuis la mort prématurée en 1894 du docteur Bohn, lui aussi curieusement un expatrié qui a quitté sa province pour ne plus jamais la revoir, l'Alsace annexée par l'Empire prussien de 1871 à 1918. Ce village, c'est Ambleny, canton de Vic-sur-Aisne, arrondissement de Soissons, niché à un quart de lieue de la rivière qui donne son nom au département, tout au nord du comté historique du Valois, à cent kilomètres nord-nord-est de Paris.

Pierre Agricole serait-il un fils d'esclave ? Un boursier de la République de première génération ? Que nenni ! Son père Eugène était un bourgeois qui est devenu maire de la ville de Sainte-Marie à la Martinique où est né son fils Pierre, et qui est même devenu président du Conseil général de la Martinique. Eugène a été promu chevalier de la Légion d'honneur, ce qui en ce temps-là avait une signification. C'était dans la vie civile un poète qui a suscité assez d'intérêt pour donner lieu à l'édition d'un recueil posthume, *Les soupirs et les rêves*, et pour figurer dans une anthologie au titre éloquent : *Contribution de la Guadeloupe à la pensée française*.

Le père d'Eugène, Pierre Jean Baptiste Agricole, né en 1804, avait un état-civil, ce qui veut dire deux choses : il était né libre et non pas esclave, et Napoléon, qu'on accable rituellement pour le rétablissement de l'esclavage aux Antilles, n'a donc pas remis en esclavage tous les affranchis !

Alors ségrégation ? Discrimination dans le village d'Ambleny ? Ce sont des mots qui à l'époque n'existaient pas en France pour les Antillais. Ce n'est pas que les hommes étaient meilleurs qu'aujourd'hui – nous sommes en 1899, en pleine affaire Dreyfus – mais l'ostracisme lié au racisme n'existe tout simplement pas, l'étonnement sûrement, la curiosité évidemment, d'autant que Pierre Agricole a les yeux du sorcier. Il a le regard d'Abdoulaye Wade, auquel il ressemble un peu d'ailleurs, ce président du Sénégal qui a épousé une Vosgienne blonde.

Une explication simple : la première émotion, la première surprise passée, on ne voit plus la couleur de la peau, on voit le médecin, le lettré qui s'exprime dans un français que ses patients manient mal, qui lit le grec et cite du latin, on le respecte infiniment et toute sa maisonnée avec. La légende dit aussi que l'on est sur une vieille terre féodale, que les paysans, les commerçants, les artisans suivent ici le mouvement de ces messieurs, c'est-à-dire des fermiers du plateau, autrement dit les puissants cultivateurs qui donnent le ton ; et la légende ajoute que le docteur Agricole a eu pour premier client la famille du patriarche des Ferté, ceux de la ferme de Vauberon : tous les autres villageois et tout le canton l'ont ensuite sans réticence adopté pour médecin.

J'ai écrit « respect de la maisonnée », c'est là que mon histoire commence.

Il se trouve que le docteur Agricole et sa femme n'auront pas d'enfant. Alors ils accueillent. À peine installés, Tonton Agricole va signaler à la Sorbonne qu'il est prêt à recevoir pour leurs vacances de jeunes étudiants qui ont quitté la Martinique pour évidemment ne plus pouvoir y retourner avant des années. Il leur faut impérativement, à ces étudiants, quitter de temps en temps Paris, car la phtisie ravage la capitale comme elle ravage toutes les grandes villes d'Europe et que le « bol d'air » est une nécessité, surtout pour ces jeunes exilés des tropiques. Tonton Agricole et sa femme Éléonore vont devenir ainsi les « correspondants » de plusieurs jeunes étudiants antillais.

L'un, Sévere, est de la famille du maire de Fort-de-France ; un autre, Barbe, deviendra général d'intendance ; un troisième, Blacher, gouverneur des colonies ; de la famille d'un quatrième, Magloire, sortira le deuxième médecin noir du village.

Parmi ces étudiants, Robert Attuly, mon grand-père maternel. On le voit un peu « blanchi » par les photographes de l'époque, mais il avait aussi la couleur du divin trompettiste Louis Armstrong, sauf qu'il a toujours porté la barbe, une barbe carrée de Barbe bleue que j'ai toujours connue complètement blanche. Curieusement, son arrière-petit-fils, mon fils Pierre (communément appelé François) lui ressemble, barbe comprise, même si son arrière-grand-père portait beau un mètre soixante-cinq, et que lui a vingt centimètres de plus ! Chose extraordinaire, plusieurs de ces jeunes gens, études accomplies et situations faites, ont adopté Ambleny. Devenus adultes, ils y sont revenus et y ont fait construire des maisons de notables dont il ne reste aujourd'hui que la pierre et les souvenirs, encore que celle du général Barbe doive peut-être être occupée par certains de ses descendants. En tout cas, ce sont parmi les maisons les plus « bourgeoises » du village.

De cette singulière occupation pacifique d'un village de Picardie par des Martiniquais, il reste peu, à ceci près que le cimetière d'Ambleny a sans doute en proportion la plus importante densité d'Antillais de la France entière. Rien que dans ma famille maternelle, j'en compte sept.

Mon grand-père, Robert Attuly, n'a pas construit de maison. Lui et sa famille ont toujours habité celle de Tonton Agricole, qui en fera son seul héritier. Sans doute mon grand-père, magistrat, n'avait-il pas les moyens financiers de ses compatriotes antillais du village ou bien Tonton Agricole et Éléonore, sa femme, ont-ils refusé que la famille Attuly quitte leur maison. Mon grand-père en effet, alors qu'il se destinait au professorat de lettres classiques, avait d'abord passé une licence latin-grec à la Sorbonne vers 1902, mais il a bifurqué brusquement vers la faculté de droit du Panthéon, ayant décidé de devenir magistrat et même magistrat colonial. Pour se faire bien voir peut-être par les professeurs de l'École coloniale, il avait présenté une thèse de doctorat sur le droit pénal malgache et conclu brillamment qu'il était supérieur au droit pénal de la République. Pour le récompenser, l'administration lui fera parcourir de poste en poste toute l'Afrique noire francophone jusqu'à atterrir à Dakar dans les fonctions de procureur général de l'Afrique-Occidentale Française, mais jamais il ne mettra un pied à Madagascar ! La République a de la mémoire.

En 1911, Robert Attuly, premier poste, est nommé juge suppléant à Saint-Louis du Sénégal. Il vient de faire coup sur coup deux filles à une jeune avocate, Gabrielle Crofils, qu'il a rencontrée à Paris et qui, curieusement, est une Martiniquaise. Je dis curieusement parce que les Antillaises étaient rares à Paris et que quasiment tous ses camarades martiniquais, et singulièrement ceux qui ont fait souche à Ambleny, ont épousé des métropolitaines.

De ma grand-mère Gabrielle je n'ai que deux photographies, l'une bleu sépia de deux silhouettes, la sienne et celle de mon grand-père qui a vingt-cinq ans, et puis un petit portrait où on la voit légèrement de profil, très jolie, beaucoup plus blanche que Robert, avec une masse de cheveux à peine crêpelée. Et c'est tout.

Leur fille Rolande, la première, est née à Ambleny – tonton médecin accoucheur oblige – en 1911, la seconde, Marcelle, en 1912, à Ambleny également, accouchée par Tonton elle aussi.

Marcelle a eu une très grande importance pour moi : c'est ma mère.

Leur père, Robert, est parti pour le Sénégal rendre la justice au nom du peuple français, alors elles resteront à Ambleny avec leur mère Gabrielle.

La guerre arrive deux ans plus tard, Robert sera mobilisé sur place et se verra interdit de quitter l'Afrique jusqu'à la fin des combats. Sa femme, Gabrielle, mourra à Ambleny de la tuberculose. Elle y est évidemment enterrée. Elle avait vingt-sept ans, ceci s'est passé au cours de la bien mauvaise année des grandes mutineries et du Chemin des Dames, l'année 1917. Rolande et Marcelle, orphelines de six et cinq ans, leur père en casque colonial, vont rester les enfants de Tonton et Éléonore Agricole. Elles vont aller à l'école d'Ambleny, deux petites taches de couleur parmi des enfants blonds aux yeux bleus, puis au lycée de Soissons jusqu'au bac. Les études supérieures, ce sera plus tard un départ pour Paris. Mais quand mon magistrat colonial de grand-père revient du Cameroun où il est entré premier fonctionnaire civil de la colonie allemande avec l'armée française en 1915, à peine ses filles embrassées, il les a emmenées pour un long séjour à la Martinique, des vacances de fonctionnaire antillais, de six mois au moins, et il en est revenu avec une seconde épouse, Victoire Yang-Ting, ma « maman Vivi ».

À son retour, Robert, avec beaucoup de précautions, a émis le souhait d'emmener ses deux filles, Rolande et Marcelle, aux Afriques avec lui et sa nouvelle épousée. Il tente d'expliquer qu'il y a des écoles, des lycées et même des professeurs agrégés, mais, la stupeur de son auditoire passée, il essuie un veto catégorique : Tonton Agricole et Éléonore, sa femme, n'envisagent pas un seul instant de l'autoriser à emmener ces deux petites Ambleniennes chez les anthropophages, au milieu d'un essaim de mouches tsé-tsé ! Et c'est ainsi que Rolande et Marcelle vont poursuivre paisiblement adolescence et scolarité dans le décor de la plaine céréalière la plus riche d'Europe et donc du monde.

Des années plus tard, fin 1939, enceinte, Marcelle a évidemment rejoint la maison de Tonton, pas question d'accoucher ailleurs que dans la chambre où elle était née, à dix mètres de la chambre de son tonton. Et voilà pourquoi je suis natif d'Ambleny, le 11 novembre 1939 à 23 heures bien que déclaré né le 12, peut-être parce que le déclarant, Tonton, avait trouvé qu'un 11 novembre faisait un peu solennel et un peu prétentieux.

Dans ce premier mouvement, je n'ai pas eu le temps de beaucoup m'établir à Ambleny : le 10 mai 1940, les Allemands sont entrés en Belgique, la maisonnée a commencé à faire ses valises lentement, trop lentement, le 10 juin, Rolande, Marcelle et le petit garçon de Marcelle ont dû se précipiter sur la route avec tout l'exode. Il paraît que j'ai été très sage. Je ne vous raconterai pas la débâcle dans une Peugeot 201 conduite par Rolande, ma tante, qui avait pour sa part emmené un autre petit garçon, celui d'une amie de Soissons.

Il paraît qu'on est allé jusqu'à loin derrière la Loire, en Corrèze, à Marcq-la-Tour et puis le retour et puis le départ de Marcelle et de son petit garçon – dans quelles étranges conditions ? – pour Dakar où Robert, son père, siégeait haut magistrat, avec grande maison de fonction, nombreuse domesticité, voitures, chauffeur et paix. Cela devait être au mois de septembre 1940, donc après la tentative de débarquement des soldats français de De Gaulle et des marins anglais. Le gouverneur général Buisson, en 1944, est mort en prison pour avoir voulu conserver en août 1940 l'Afrique occidentale à Pétain. Mon grand-père Robert, pour sa part, a traversé cette époque à pied sec. Il avait été nommé président de la cour d'appel de Dakar par le Front populaire, maintenu successivement par Daladier et Reynaud, nommé procureur général par Pétain, il a fini conseiller à la Cour de cassation, nommé par De Gaulle. Je pense à part moi que pour cette traversée de tant de périls politiques, la couleur très prononcée de sa peau, loin d'avoir été un handicap, lui aura bien plutôt servi de viatique.

1945, la guerre est finie et je repars de Dakar pour la France avec ma maman Vivi, la seconde épouse de mon grand-père. J'atterris au Bourget. Il paraît que je suis d'une turbulence dont ma tante Rolande, qui ne m'avait pas vu depuis 1940, est restée stupéfaite. Nous nous sommes enfournés dans la Peugeot 201 de Tonton, toujours la même qu'en 1940, et zou ! pour Ambleny. J'ai conservé, encore net, le souvenir des ferrailles, chars et camions détruits qui bordaient les deux côtés de la nationale 2 pendant quatre-vingts kilomètres, j'ai retrouvé la chambre où j'étais né et, bon an mal an, je vais rester à Ambleny dix ans.

Mon plus ancien souvenir d'Ambleny, c'est le rire énorme de jeunes gens immenses, probablement au-delà du mètre quatre-vingt-dix, sanglés dans des uniformes impeccables et coiffés du même calot – accessoirement, ils étaient tous noirs mais ça, c'était pour moi évidemment normal. Ils papillonnaient autour du mètre soixante de ma tante Rolande – 35 ans à l'époque – qui les faisait asseoir pour boire le thé et manger des biscuits aussi sagement que possible. Elle était une des très rares personnes du village à parler couramment l'anglais.

L'armée américaine n'a pas intégré ses soldats jusqu'à la guerre de Corée (1951-1952). Les militaires noirs étaient dirigés par les officiers noirs et leurs unités n'étaient composées que de noirs. On les mettait à l'intendance, les unités combattantes étant pour l'essentiel réservées aux blancs, même s'il y a eu quelques exceptions. Aussi devaient-ils être cantonnés dans le coin bien loin de la guerre à peine terminée et ma tante m'a dit plus tard en riant qu'ils avaient été stupéfaits d'être accueillis dans la maison du notable noir d'un village dont les habitants étaient tous blancs. Le médecin noir d'un village de blancs était pour eux aussi stupéfiant, toutes proportions gardées, qu'a pu l'être l'élection de Barack, un noir à la Maison blanche !

La maisonnée d'Ambleny, c'était en permanence au moins dix personnes, des tantes, des sœurs, des cousines, de lointains parents, des amis et des amis d'amis, pratiquement toujours que des dames à table, de tous âges. Nous étions deux hommes la plupart du temps, Tonton Agricole à l'ouest et moi à l'est, lui peu disert et moi n'ayant pas d'autre droit que celui d'écouter les grandes personnes. Les seuls blancs de la maisonnée étaient les domestiques, complètement intégrés aux Antilles : ils arrivaient même à manger pimenté.

Mais pourquoi donc que des Antillais ?

Tout simplement parce que les Antilles sont à l'autre bout du monde et qu'il n'était pas question de s'y rendre tous les ans ni même tous les trois ans. Certains n'y sont jamais retournés, alors ils se fréquentaient comme à Paris se sont fréquentés avant de se mélanger complètement les Creusois et les Bretons, les Savoyards et les Aveyronnais.

Ségrégation, communautarisme, intégration, assimilation étaient des mots inconnus. Les problèmes qui agitent beaucoup les dîners de famille aujourd'hui où l'on se demande qui est raciste, qui est intolérant, qui est xénophobe, étaient complètement absents des débats. Ils se savaient tous nés ou venus d'ailleurs, ils se savaient exotiques, mais ils se considéraient tous comme ayant pour ancêtres mythiques les Gaulois, même s'ils étaient tous descendants de la traite négrière des Amériques.

Enseignement, culture, religion, goûts, mœurs, ils avaient, ceux de ma maisonnée, les mêmes exactement que tous les bourgeois qui composaient à cette époque-là une des armatures les plus fermes de la société française. Le village trouvait tout cela parfaitement naturel, comme les enfants, les villageois oubliaient très vite la couleur de la peau des gens pour voir les gens. Pourtant, le canton auquel appartient Ambleny est celui de la France entière où l'on a voté le plus Marine Le Pen lors de récentes élections. Ces paysans, ces ouvriers qui ont voté socialiste ou communiste pendant des décennies ont basculé à droite de la droite. Imaginer que ce serait étranger aux problèmes d'immigration qui bouillonnent en France serait stupide. Certes il n'y a pratiquement pas d'immigrés africains dans le canton, moins de Maghrébins qu'ailleurs, mais ces gens sont viscéralement hostiles au multiculturalisme et au communautarisme. Ils savent en effet, dans le tréfonds de leur conscience, que la France n'est constituée sur le plan ethnique que de bric et de broc, que cela va du Flamand au Catalan, du Corse au Guadeloupéen, et ils s'en contrefichent dès lors que ce bric et ce broc se considèrent eux-mêmes comme français. Ils savent – même s'ils ne sont pas cultivés – que depuis la formation par le riquiqui état capétien de la nation française, le séparatisme culturel et religieux ne peut qu'inexorablement conduire à la dislocation de la nation, précisément parce que cette nation-là n'est pas une unité ethnique mais une construction de l'esprit.

Ils le savent et ils ne l'acceptent pas.

Revenons au récit d'Ambleny. Décrire la maison, deux mille cinq cents mètres carrés de jardin, une habitation carrée type Île-de-France, d'un classicisme absolu, toit à quatre pentes, deux niveaux de cent mètres carrés, sous-combles de même superficie et sur-cave à hauteur d'homme ; une cour et une habitation annexe où logent Marie, la bonne, et sa famille, et où se trouve situé le garage de Tonton ; un poulailler, un clapier, des légumes, des fruits à profusion. On est la meilleure terre de culture, peu de dépenses alimentaires, peu de vrais déchets. Le docteur a son bureau dans la maison, un coin de pharmacie, les patients on les croise dans le couloir. Il y a bien aussi un téléphone, qui sonne souvent car le docteur se déplace, ses patients ne disposant pratiquement pas d'autre moyen de locomotion que leurs pieds.

Je joue toute la journée dans les différents cercles qui constituent mon environnement, le jardin, le village, les bois alentour et puis le plateau sans limites au-dessus. J'ai un copain, un ami, Jacques Pelat. C'est drôle, moi qui oublie visages et noms et dont c'est un des drames de la vie quotidienne, je me souviens parfaitement de Jacques Pelat, le fils du mécanicien auto. Il est sorti de l'école sans le certificat d'études et puis il est devenu ouvrier agricole. J'ai appris qu'il était mort. Je ne sais pas dans quelles circonstances.

Nous avons parcouru toutes les venelles – dans le Soisonnais on dit *sentes* –, tous les bois, tous les grands champs du plateau, j'inventais l'histoire que nous allions vivre des mois durant, soldat évidemment, mais aussi cow-boy, Indien, héros de cinéma. Il y avait alors un cinéma, une salle qui nous paraissait immense, des chaises dures pour fauteuils, des actualités, des publicités pour dentifrice et des films, quatre séances par semaine dont nous sortions les yeux rougis de la fumée des cigarettes. En ce temps-là, tout le monde fumait et évidemment fumait dans les cinémas. Moi, bien sûr, je n'avais que rarement l'autorisation d'aller au ciné le dimanche après-midi, non pas en raison des sujets des films, mais par principe éducatif.

En revanche, tous les soirs, je devais aller chercher le lait à la ferme, une corvée d'au moins dix minutes de marche. Il y avait encore des vaches laitières dans ces villages de céréaliers. J'ai même connu les moissonneuses-batteuses tirées par des percherons. Les chevaux ont disparu avec John Deere et New Holland.

De cette période qui a duré dix ans, au cours desquels j'ai été longtemps le seul de mon âge parce que j'ai quitté l'école du village à dix ans – je dirai plus loin pourquoi –, j'ai conservé la faculté de vivre deux vies, la quotidienne et la rêvée, celle où j'étais un autre, pas nécessairement héroïque, et curieusement cet autre vieillira avec moi pendant des décennies. Il s'est évanoui avec tous ceux qui l'entouraient lorsque j'ai enfin atteint l'âge adulte, aux environs de cinquante ans peut-être.

Et les petites filles, me direz-vous ? Jacques Pelat et moi n'avions alors que l'âge des princesses. Il y avait tout de même la fille du garde-barrière de la ligne désaffectée qui menait jusqu'à la fin de la guerre de Compiègne à Soissons. Amour définitif, brusquement emporté par la grande jeune personne qui était ma cadette d'une année et qui est arrivée à Ambleny avec sa petite sœur et sa grand-mère antillaise et amie de la famille. Elle était donc métisse, comme moi, mais plus claire, son père était un filateur du Nord et la Flandre avait marqué son empreinte. Mon amour pour elle, aussi chaste que cela pouvait être à nos âges, n'aura duré que deux étés. Puis elle a disparu et, une décennie plus tard, j'ai vu un jour qu'elle était dans *Elle*, devenue à vingt ans une des premières cover-girls de France.

En fait, à part mes deux sœurs Myriam et Leticia que je voyais à Ambleny de-ci de-là, les filles seront restées longtemps des images puisque, n'allant pas à l'école, je n'avais pas d'occasions de les rencontrer. Je vivais solitaire dans les arbres de mon jardin.

La première, je l'ai rencontrée très tard, à seize ans et demi, une semaine aux sports d'hiver dans une station sans neige quelques jours avant la mort de ma mère, une semaine aussi torride que chaste. Elle était pensionnaire à l'institution de la Légion d'honneur à Saint-Denis, fille d'un colonel. Le singulier c'est que je n'ai jamais oublié son prénom, Marie-José.

La Grande Guerre

Et puis Ambleny, c'est l'origine d'une de mes obsessions : la Grande Guerre. Vous êtes sur le front, à un kilomètre de la rivière Aisne, et un kilomètre plus loin sur le plateau au nord, vous êtes sur la ligne des tranchées, ouvertes au mois de septembre 1914 pour être fermées en juillet 1918.

Ambleny, canonnée, a été complètement détruite en juin 1918 pour être reconstruite presque à l'identique.

Dans la cave de ma maison natale, il est inscrit dans la pierre de craie d'un chambranle de porte en italique « A.B 47e Art. 3e batterie ». Ceci écrit en lettres rondes comme on le faisait encore dans les années 40. C'est ce qu'on appelle aujourd'hui un graffiti de la guerre. Des artilleurs français cantonnés à Ambleny ont tiré pendant des mois sur le plateau d'en face, de l'autre côté de la rivière. Le village a arrêté l'attaque allemande, la dernière, celle de juin 1918, les Allemands se sont arrêtés sur le ru de Retz qui traverse le village et qui n'a pas quatre mètres de large à cet endroit. Ils se sont immobilisés sur toute une ligne de cent kilomètres environ, mais là, à Ambleny, ils n'ont pas traversé le ru de Retz. Arrêtés par la première division d'infanterie marocaine. Ensuite ce fut l'ultime et victorieuse contre-attaque Mangin, du nom du général, en juillet 1918.

Sur le plateau, au-delà de Fontenoy, l'Aisne franchie, sur la route de Nouvron qui des deux côtés n'est entourée que de grands champs, il y a une toute petite borne de pierre qui dit un texte court : « Ici passait la première ligne », celle qui pendant cinq ans a couru de Dunkerque à la frontière suisse.

Que ceux qui n'ont pas compris passent leur chemin.

C'est tout à côté, à Vingré, dans une coulée verte du plateau, qu'il y a eu la plus tristement célèbre exécution pour l'exemple de la guerre 1914-1918. Six ou sept soldats accusés à tort d'abandon de poste ont été condamnés à mort et fusillés, pour être réhabilités ensuite par la Cour de cassation. C'est l'affaire dite des « fusillés de Vingré ». Tonton m'a emmené très tôt dans la forêt de Villers-Cotterêts voir le petit cimetière anglais. Il n'y a rien de plus émouvant que les cimetières militaires britanniques. Ils sont très nombreux dans toute la France du nord, beaucoup plus que les cimetières militaires français, parce que les Britanniques ont enterré leurs soldats sur place. Là, il s'agit d'un petit clos de deux cents mètres carrés au maximum, complètement entourés de murs bas, on dirait un de ces clos à moutons de l'Irlande ou du pays de Galles, des stèles tout autour où l'on vous dit que tel soldat est mort à vingt ans et que ses parents en sont restés désolés. Tous ont été tués à cet endroit le premier septembre 1914, en pleine retraite, quelques jours avant la bataille de la Marne.

Pour certains, une formule poétique *« Unknown But God », inconnu sauf de Dieu,* ou bien *« Known Unto God », connu que de Dieu*. L'une de ces deux formules est américaine, l'autre est britannique. Chez nous, c'est plus administratif : « Soldat inconnu ». On reste longtemps dans ce clos et, au printemps, il y a de gros rhododendrons tout autour, tous en fleur, et au-dessus les ramures des grands hêtres. Rien à voir avec le cimetière militaire français d'Ambleny, onze mille tombes, près de dix mille croix, plus les fosses communes. Le plus grand cimetière militaire du département sur la route nationale 31 au lieu-dit Pontarcher. Des croix de béton d'un mètre de haut pour tout le monde, chrétiens, agnostiques, juifs, animistes, musulmans, c'est la croix républicaine de tous les citoyens français sans exception. Il y a certes des stèles en forme de mihrab, mais elles ne désignent pas les musulmans pour les distinguer des chrétiens, elles désignent le soldat non citoyen français. Il y a donc aussi quelques étoiles de David pour des soldats juifs, marocains ou tunisiens, donc non-citoyens français, morts pour la France. Les juifs algériens sont quant à eux sous la croix comme les copains, cela leur apprendra d'avoir été faits citoyens français par le décret de monsieur Crémieux.

Singuliers, ces signes mortuaires.

Si tous les citoyens français soldats tués sont sous la croix, les Britanniques et les Américains distinguent eux la religion et, dans l'alignement impeccable des croix américaines en marbre blanc, on trouve ici et là une étoile de David qui remplace la croix, une même étoile sur la stèle d'une tombe anglaise.

Chez les soldats allemands de 1914-1918 aussi, mais, sombres prémisses, les juifs sont déjà de côté, leurs étoiles de David en granit noir sont décalées de l'axe de l'alignement des croix du même granit, comme exclues.

Dans le cimetière d'Ambleny comme dans tous les cimetières militaires français au contraire, non seulement les étrangers musulmans, unités militaires de Maghrébins ou de tirailleurs sénégalais (qui sont pour le plus grand nombre des Maliens) ne sont pas à l'écart des soldats citoyens français, mais il y a plusieurs tombes où l'on voit une croix derrière un mihrab, ou vice-versa, suivant le côté d'où l'on regarde : ils sont tête contre tête, le Mohamed Klaï et le Martin Dupont. Pour l'éternité.

On dira tout ce qu'on veut, la France universelle est le plus grand pays au monde.

Pourquoi cette fascination pour la guerre de 14 ? Sans doute parce que je suis né et que j'ai vécu sur la ligne du front, mais pas seulement. Personne ne parlait de la guerre quand j'étais petit. Pourtant, ceux qui l'avaient faite et qui n'étaient pas morts avaient entre cinquante et soixante ans, ils étaient encore nombreux autour du monument aux morts chaque 11 novembre. De surcroît il y avait des veuves.

La fascination pour cette guerre m'est venue beaucoup plus tard, par la prise de conscience qu'il s'était peut-être agi là de l'hécatombe la plus dénuée de sens et de justification de l'histoire de notre humanité. On discute depuis cent ans à perte de vue des causes immédiates ou profondes de cette guerre-là, mais, comparée à la suivante, elle est privée de sens.

Fascination liée aux nombres. Je compte tout, les pas, les kilomètres, les degrés Celsius, les millimètres du pluviomètre, les morts sur les monuments aux morts des villages. C'est d'ailleurs pourquoi le plus grand film de guerre qu'on ait fait demeure pour moi *La Vie et rien d'autre,* non pas pour l'intrigue mais parce que je m'identifie à cet officier (Philippe Noiret) dont le seul but est de classer et de compter inlassablement les soldats français, hommes de vingt à trente-cinq ans morts entre le 15 août 1914 et le 11 novembre 1918, près de mille tués chaque jour, soit quarante toutes les heures pendant cinquante-et-un mois et dix jours, ou si vous voulez pendant quarante mille heures. Je ne m'en suis jamais remis et je ne suis probablement pas le seul puisqu'on n'a jamais tant écrit sur la guerre de 14 que depuis qu'on commémore son centenaire.

Comme dans toutes nos familles, il y a eu un tué à la guerre dans la mienne. Il s'appelait Osman et c'était un de mes grands-oncles maternels, le frère de Robert, mon grand-père.

Osman, curieux prénom, c'était l'époque où la bourgeoisie noire des Antilles aimait donner à ses enfants des noms à l'antique. Mon grand-père avait ainsi deux condisciples martiniquais à la Sorbonne dont il n'a jamais oublié les prénoms : Télesphore et Anacharsis ! Osman avait vingt-sept ans en 1914, il terminait des études d'administrateur des colonies, il était à Paris et a donc été incorporé, caserne de Reuilly, dans l'un des plus anciens régiments d'infanterie des armées françaises, le quarante-sixième RI, celui du capitaine La Tour d'Auvergne, « premier grenadier de la République » qui, en dépit de son patronyme, était breton.

Personne n'a jamais pu, dans ma famille maternelle, me dire d'Osman autre chose que ceci : « Il a disparu en Champagne en 1915 ». Il aura fallu plus d'un siècle pour apprendre – miracle de l'informatique – de Rouletabille, un ami journaliste d'investigation aussi obsédé que moi par la Grande Guerre, qu'Osman Attuly a été tué sur la butte de Vauquois en Meuse.

J'ai retrouvé numérisé son livret militaire. J'ai aussi retrouvé l'historique du 46e RI, c'est le régiment qui a pris d'assaut la butte de Vauquois :

> Le premier mars à midi, l'attaque à nouveau se déclenche, le quarante-sixième est encore en première ligne. Malgré les pertes de la veille, malgré les rafales de mitrailleuses, malgré l'artillerie qui tire sans arrêt, il escalade à nouveau la colline de Vauquois. Cette fois, nos compagnies parviennent à se maintenir jusqu'au centre du plateau. [...] La plus grande partie du village est à nous, l'ennemi est privé de son observatoire[1].

Le journal du régiment ajoute que mille hommes ont été tués ou blessés, ce qui représente le tiers de l'effectif du régiment. Osman sera « porté disparu » précisément ce jour du premier mars 1915. Il sera bien plus tard cité au Journal officiel le 23 août 1922 « soldat d'une bravoure réputée. Et mort glorieusement pour la France le 1er mars 1915 à Vauquois en se portant vaillamment à l'attaque de ce village. »

Il était très petit, je lis sur le fascicule de son livret militaire un mètre cinquante-six, il était joli garçon, unique noir de son bataillon de parigots, il portait comme les copains un barda de trente kilos, plus le long fusil et ses munitions.

1. *Vestiges 1914-1918*, extrait de l'historique du 46e RI, « Les attaques de Vauquois ». http://vestiges.1914.1918.free.fr/Vauquois_Histo.htm (consulté le 12 avril 2020).

Comment voulez-vous oublier 14-18 ?

Vauquois, j'y suis allé bien des fois avant de savoir qu'Osman y avait été tué, c'est un lieu unique par sa position au-dessus de la plaine de la Woëvre, mais surtout par son environnement, car, contrairement à ce qui s'est trop fait partout ailleurs, on n'y a pas, ou très peu, planté d'arbres. On est donc au milieu du champ de la bataille qui s'est prolongée quasiment sans interruption sur ce promontoire cinq années durant.

Beaucoup plus près d'Ambleny se situe le Chemin des Dames, lieu emblématique de la guerre de 14, une route de crêtes entre deux vallées, dernière proéminence, dernier obstacle naturel avant Paris.

Chaque année, le 16 avril, pour commémorer le premier jour de cet épouvantable carnage, une procession se forme à Craonne – on dit *Crane* dans l'Aisne –, sous la houlette du maire du village. Des personnes des environs et parfois de bien plus loin se réunissent vers quatre heures trente du matin pour refaire à pied pendant quatre heures le calvaire des soldats qui sont montés le 16 avril 1917 jusqu'au plateau de la Californie. Des gens de toutes conditions, de tous âges, des enfants, des femmes aussi beaucoup, mais aucune célébrité, aucun notable, aucune télévision. Une forme de pèlerinage mémoriel d'une matinée ponctuée par les narrations du maire de Craonne à chaque étape de la progression des soldats et puis, à un carrefour de la route, a cappella, un homme chante la célèbre chanson séditieuse, la chanson de Craonne :

> Adieu, la vie adieu l'amour,
> Adieu toutes les femmes
> C'est bien fini, c'est pour toujours
> De cette guerre infâme [...]

A cappella, en plein air, à sept heures du matin au mois d'avril – en 1917 ce jour-là il neigeait – ce n'est pas facile, il faut un professionnel, une fois dernière le chanteur était donc un Corse car le chant a cappella dans l'île se cultive. Un « natio », m'a-t-on dit, qui a chanté à la mémoire de toute une jeunesse foudroyée.

Pour participer à cette manifestation silencieuse, recueillie, Rouletabille et tel ou tel de mes petits-enfants dorment à Ambleny la veille pour pouvoir être à vingt minutes environ de Craonne.

À quelques centaines de mètres du plateau de la Californie, quand, vers l'ouest, vous avez dépassé la haute statue de l'Empereur – oui, oui il a gagné là en 1814 avec ses Marie-Louise, une vaine victoire contre les Prussiens déjà – vous voyez, dominant le Chemin des Dames, neuf statues en bois noir ou calciné, des statues très hautes, très fines, vous ne pouvez pas vous tromper, ce sont bien les tirailleurs longs et maigres et secs et noirs de l'armée coloniale de Mangin qui sont là représentés.

Les deux ou trois premiers jours de la bataille ont coûté la vie à 6 000 de ces tirailleurs sénégalais et soudanais (maliens ou nigériens aujourd'hui) pour l'essentiel soit presque le quart des pertes de l'armée noire pour toute la guerre (27 000 tués). Ils ont attaqué parmi les premiers du million de soldats des armées françaises concentrées en bas dans la vallée de l'Aisne, puis réattaqué dans la neige, au pied de la caverne du Dragon, cette forteresse souterraine dont on a extrait les pierres qui ont bâti nos cathédrales gothiques et qui est une immense carrière de calcaire depuis les Gallo-Romains.

27 000 contre 1 450 000 autochtones tués, on ne peut certes pas écrire que la France a été sauvée par le sacrifice de ses coloniaux, et ceci même si on y ajoute des soldats du Maghreb, 53 000 environ. Mais la France leur doit reconnaissance.

Au mois de juillet, si vous vous rendez au Chemin des Dames, vous verrez, je l'espère, une très longue bande bleue de quelques mètres de large, ce sont les bleuets semés chaque année pour que les passants qui viennent à passer se souviennent.

Le retour

J'ai appris, très peu de temps avant sa mort, que le docteur Agricole avait un fils adultérin, qu'une Picarde avait conçu et élevé. Un jour, j'ai vu arriver ce métis en uniforme de colonel. Mon grand-père racontait qu'un ministre facétieux de la Quatrième République l'avait emmené en Afrique du Sud en plein apartheid pour montrer aux Afrikaners comment on se conduisait en France avec un citoyen français noir.

Tonton Agricole est mort un jour de mars 1951. Il est mort sans jamais avoir été malade ou gâteux, entouré de son fils, le colonel, des deux filles de celui-ci, Christiane et Madeleine, qui avaient autour de vingt ans, et de sa famille Attuly qui l'a veillé avant qu'il traverse tout le village à dos d'hommes pour rejoindre Éléonore, sa femme, dans le cimetière d'Ambleny.

Marcelle, ma mère, lui survivra cinq petites années. Elle meurt d'une affection cardiaque dont elle aurait été sûrement guérie aujourd'hui, elle meurt à quarante-quatre ans au mois d'avril 1956.

Alors mon grand-père Robert Attuly ne peut que vendre la maison de Tonton. Mon père ne peut pas lui apporter un concours financier quelconque pour des motifs que l'on verra plus tard. Or il faut payer un impôt de succession très lourd, puisque Robert Attuly n'a aucun lien avec Pierre Agricole, et il faudrait aussi pourvoir à l'entretien de cette grande maison. Le solde d'un conseiller honoraire à la Cour de cassation ne permet pas de conserver la maison natale de ma mère et de son fils.

La maison sera vendue à un médecin, comme c'est curieux ! le docteur Dufour, qui deviendra l'un des deux médecins du village, puis le seul. À cette époque le docteur Magloire exerce encore, il est même le dernier des Antillais du village avec Maryse Barbe, fille du général d'intendance.

Les enfants du docteur Magloire ont été élevés par Da Jeanne. C'est une grande noire de la Martinique qui parle mieux le créole que le français et qui est arrivée très très jeune à Ambleny comme nounou et bonne à tout faire. Elle y est morte très âgée, bénéficiant non pas seulement de la sympathie, mais de la considération et du respect de tout le village. À la fin de sa vie, le docteur Magloire l'avait installée au milieu du bourg, entre la poste et le café, dans une petite maison pour elle seule, et elle avait cessé de servir. Un port d'Africaine, une couleur de peau de Sénégalaise : elle était osseuse, distinguée, toujours habillée en madras avec ce fichu antillais à corne sur la tête, ravissant.

Elle aussi est enterrée au cimetière d'Ambleny.

En 1956, j'ai donc quitté Ambleny pour Paris, pour toujours, pour n'y plus jamais revenir. En quarante-cinq ans, j'y suis tout de même peut-être allé cinq ou six fois, en évitant soigneusement la Toussaint. Ces cinq ou six fois, j'ai fait le tour du village en automobile, j'ai vérifié que tout était immuable, la grosse tour féodale, dont l'unique autre exemplaire se trouve dans la ville d'Étampes, quelques commerces qui ont disparu aujourd'hui, plus de bourrelier, plus de charron, plus de maréchal-ferrant et plus de cordonnier mais bon, la maison, derrière sa grille, est exactement la même, sauf le marronnier « Marcelle », planté pour la naissance de ma mère, qui est mort dans l'année même de sa mort en 1956, sûrement un hasard.

Savoir que rien ne change m'apaise sans doute. J'y vais, mais très rarement, parce qu'il faut préserver ses souvenirs et que, précisément pour éviter de les confronter au monde dans lequel on vit, il faut ne les revisiter qu'aussi rarement que possible.

Et puis surgit le hasard. L'épouse de mon jeune associé, François-Xavier, est née à Cœuvres, le fief de la Gabrielle d'Estrées, c'est-à-dire à quatre kilomètres et demi d'Ambleny. À Cœuvres vivent encore sa mère et son frère qui est architecte. Or, un jour de l'automne 1999, nous décidons, ma Julie et moi, d'aller voir une exposition de tableaux à Villeneuve-d'Ascq, près de Lille. C'est de l'art moderne, mais c'est un musée national, il est donc fermé le mardi. Or nous y arrivons de bonne heure un mardi matin. Voilà qui est fâcheux pour l'art ! Mais ma Julie a la singulière idée de nous faire éviter un retour par l'autoroute où elle considère que je dépasse trop souvent les limites de vitesse autorisées, elle me fait prendre un chemin bucolique, passer par Saint-Quentin, Laon, et descendre par la nationale 2, donc traverser Ambleny.

Arrêt devant la grille, deux minutes maximum, constatation que rien nulle part n'a bougé depuis quarante-cinq ans et nous voilà aussitôt repartis. Mais au deuxième tournant, dans le village même, un panneau : « À vendre ». C'est l'ancien presbytère qui serait à vendre. Une antique longère avec un vaste jardin et des prés qui descendent jusqu'au ru de Retz. Tiens ! Pourquoi n'achèterions-nous pas une maison à Ambleny ? La moitié de ma famille y est enterrée, c'est à cent kilomètres de Paris, une maison de campagne pour nos petits-enfants, la meilleure circulation d'entrée et de sortie de la capitale puisqu'en termes de résidence secondaire, l'Aisne, ce n'est pas le Calvados.

Aussi j'interroge tout naturellement Nicolas, le beau-frère de mon associé, pour qu'il aille architecturer mon ancien presbytère. Analyse faite : trop de travaux, donc trop cher. Nous abandonnons l'idée de cette acquisition et Ambleny retourne sagement dans sa boîte. Or donc, quelques mois plus tard, nous sommes invités par la belle-mère de mon associé, à Cœuvres bien sûr et, d'un ton nonchalant, son fils Nicolas, l'architecte, me confie qu'une autre maison serait à vendre à Ambleny, des fois que…

On va derechef visiter cette maison, encore une longère, mais cette fois une ancienne ferme, un véritable parc éloigné du centre du village dans le hameau du Soulier. L'habitation plaît à Julie alors on dit oui. On achète. Nous sommes un samedi de novembre 1999, peut-être autour du douze du mois, j'ai soixante ans et non plus quinze, mais par plaisanterie, par *joke* comme diraient les Anglais, j'interpelle mon architecte, Nicolas :

– *Téléphone au docteur Dufour qui squatte ma maison depuis quarante-cinq ans, des fois qu'il la vende !*

– *Tu es fou ! C'est son fils qui y est installé aujourd'hui. Il est devenu le seul médecin du village. Il a un petit bébé. Il a fait des travaux d'isolation pour que son bébé ait bien chaud.*

J'insiste, juste pour la forme.

Nicolas téléphone le lendemain dimanche.

Il me rappelle, la voix blanche :

– *Le docteur Dufour met en vente la maison de Tonton Agricole demain lundi parce qu'il va émigrer au Canada pour diriger des EHPAD. Il emmène femme et bébé.*

Mardi je suis à Ambleny et je tope avec le docteur Dufour, j'achète ma maison natale en décembre 1999, quarante-cinq années après en avoir été expulsé par les vicissitudes de la vie.

Méfie-toi de tes rêves, me disait mon père, tu les réalises toujours !

Seulement le marronnier « Rolande », celui qui a été planté en 1911 pour sa naissance, est mort l'an passé, en 1998, et ma tante Rolande est morte précisément cette année-là. Le hasard, bien sûr, encore. Rolande n'a pas revu Ambleny. C'est un chagrin.

Dès janvier 2000 nous avons entrepris quelques travaux, la toiture, un aménagement des combles, mais rien pour le reste : le carrelage de la cuisine et du couloir est d'époque (1902) et les chambres ont exactement la même disposition que quand j'étais petit. Lorsque les travaux ont été achevés, les artisans et leurs compagnons, tous du village, nous ont offert une collation dans le jardin. Je n'y étais pas retourné depuis notre achat, attendant que tout soit en ordre. Le plombier qui a donné son nom à la plus importante entreprise du pays, un monsieur d'à peu près mon âge, m'a tendu en silence une petite photo, la photo de classe de l'année 1947 probablement. Les classes sont pléthoriques et les niveaux scolaires confondus dans la même salle, nous sommes 50, je me reconnais facilement, je suis le petit basané du haut, et Guy Mauprivez, le plombier dont le patronyme remonte dans le village à Hughes Capet, le petit garçon très blond du bas.

Le village a de la mémoire.

Sainte-Beuve a écrit je ne sais plus où : « Naître, vivre et mourir dans la même maison. »

Presque chaque fin de semaine, nous retournons à Ambleny, sauf les week-ends et vacances où nous en sommes chassés par enfants et petits-enfants. Je raconte que c'est pour nourrir Ernest l'écureuil, mais c'est évidemment un prétexte. Le motif sérieux, ce sont mes arbres, les quatre tilleuls qui étaient à peine plus minces il y a quatre-vingts ans, les faire tailler ou pas, question existentielle, l'un d'entre eux pourrait gêner mon chêne de seize mètres aujourd'hui, dont je n'avais conservé aucun souvenir, car lorsque j'avais quinze ans, il n'était qu'un baliveau au milieu d'autres arbustes disparus.

Je regarde anxieux mon catalpa qui, pour un catalpa, est bien vieux, probablement plus de cent vingt ans, ce qui est pour lui un âge canonique, il fait chaque année de grandes fleurs blanches, pendant quelques jours, il n'est d'ailleurs en feuilles qu'entre fin mai et début septembre et chaque année une branche sèche. En tout cas, il restera mon sapin qui est peut-être le plus haut du département, avec des branches qui descendent tout le long du tronc pour effleurer très délicatement le sol. Il survivra aux enfants de mes petits-enfants et le jeune ginkgo, à peine la trentaine fringante, aussi. Et voici pourquoi, à l'ombre de mes arbres, je ne dors nulle part aussi bien que dans la chambre où je suis né et où ma mère est née.

Suis-je ainsi d'abord picard ? Ou bien suis-je antillais ? Ou encore parisien ?

D'aucuns disent que de caractère je serais surtout corse, et donc pas seulement de patronyme.

CALCATOGGIO
MA FAMILLE CORSE

Ma grand-mère

La Corse est habillée de noir. Un jour du printemps 1946, j'ai six ans, arriva à Ambleny – personne ne m'a averti ni préparé – une dame que je trouve très grande parce qu'elle est très maigre, anguleuse, je dirais même aiguë en comparaison des femmes qui m'entourent et qui sont toutes rondes et charnues.

Elle a une voix que j'entends pour la première fois, en fait un accent, rocailleux et nasal, et elle dit quelque chose d'évident : c'est ma grand-mère paternelle, la mère d'un père que je n'ai jamais vu même en photo. Mais, des photos, en ai-je vu dans une vie plus de trois de mon père jeune ? Et on ne photographie pas les vieux.

Elle s'appelle Laetizia Campinchi et elle a épousé Pierre Versini, déjà mort depuis quinze ans à l'époque et que je distinguerai en le nommant Pierre III.

Elle est accompagnée d'un monsieur séduisant, athlétique, trapu, qui lui parle avec un accent légèrement traînant que je n'ai plus entendu, le parisien des faubourgs. C'est son second fils, mon oncle Marc. Il a trente-deux ans, brun aux cheveux noirs, fournis, impeccablement coiffé avec la raie au milieu. Ils arrivent dans une automobile et en sortent un jouet qui m'humiliera longtemps : jamais je ne saurai faire du cyclorameur.

Ils découvrent un petit garçon maigre comme un clou et agité. Ma grand-mère m'entoure, me presse, m'embrasse, je suis le centre pour une dame qui sent bon, qui est très très vieille puisqu'elle a les cheveux tout blancs et, chose curieuse, les yeux bleus. À six ans je n'ai vu que très rarement des yeux bleus, et jamais de si près. C'est une Corse blonde aux yeux bleus. Mon père, Pierre IV, son fils aîné, que je n'ai jamais connu chevelu, était blond pareil, mais avec des yeux gris.

D'où cela vient-il ? D'Italie diront certains, des Vandales prétendront d'autres, moi je dirais plutôt de Kabylie, mais quand ? et qu'est-ce que seraient venus faire des Kabyles dans la plaine côtière de la Cinarca ? Parce que ma grand-mère, Laetizia Campinchi, est de la Cinarca, c'est-à-dire du golfe de Sagone, et plusieurs siècles avant de la région de Campo, une autre vallée, ceci probablement depuis le néolithique.

Il y a une heure, je ne savais pas qui étaient cette dame et ce monsieur, mon oncle et ma grand-mère, et me voilà embarqué dans l'automobile, une Juva 4 Renault, en ces temps où les pneumatiques sont tellement déficients qu'on fait provision de pneus de rechange dans l'espace qui sert de coffre. Me voilà donc parti pour Paris, Paris je sais que c'est la capitale de la France.

Deux jours, je vais y rester. Désespérée, ma grand-mère va devoir me ramener à Soissons en train : je ne supporte pas la chaleur des appartements parisiens. Il y fait au moins vingt degrés ! J'ai pourtant connu quarante degrés à Dakar et j'ai complètement oublié Dakar, que je n'ai pourtant quitté qu'il y a moins d'un an. L'hiver dernier, j'étais à Ambleny, moins dix pendant des jours et entre trois et dix degrés dans la maison, quinze degrés assis sur le poêle à bois comme ma marraine qui a passé des hivers entiers assise sur la cuisinière, enfin, un peu à droite du foyer. Il faut imaginer le dénuement de cet après-guerre ! La chaudière est en panne et, faute de pièces de rechange, irréparable, le charbon est de mauvaise qualité, et des baies vitrées qu'on ne peut pas remplacer ont été perforées par des balles égarées.

Dans ma chambre, entre l'énorme édredon en plumes et le chat chaudière vivante qui ronfle tellement qu'il ronronne, j'ai le nez à dix degrés et je dors comme le chat.

À Paris, pièces exiguës, pas de jardin, trop chaud, un jour de plus et je mourais desséché.

Quelques mois plus tard, en juin, nous partions ma grand-mère et moi pour la Corse. Le Train Bleu, c'était le nom du train d'alors, à vapeur et donc à escarbilles – ayant passé la tête à l'extérieur, j'ai gardé d'une escarbille un très mauvais souvenir pendant des mois –, la voiture-restaurant, service gants blancs, ma grand-mère en noir, en chapeau, en robe longue, en talons très hauts, très élégante – elle avait soixante-dix ans. Mais d'une distinction !

Le bateau, cabine, mal de mer, l'arrivée au petit matin aux Sanguinaires – en ce temps-là pas une maison avant le cimetière d'Ajaccio – et tout le monde, que des Corses, écrasé au bastingage.

Le car, eh oui, une heure et demie d'autocar jusqu'à Calcatoggio, vomissements garantis. Il y a encore moins de voitures particulières en Corse qu'à Ambleny et le docteur Versini possédait sans doute l'unique du village à ce moment-là. J'ai mis des années à comprendre que nous n'étions pas parents, alors qu'il portait le même nom que moi.

Calcatoggio, même aujourd'hui, c'est un nom étrange. Les autres villages qui cernent la plaine de la Cinarca, qui commence précisément à Calcatoggio, dans le golfe de Sagone, ont tous des noms courts ou simples à prononcer : Sari, Coggia, Saint-André, Arbori, Lopigna, Cannelle. Mais les deux qui se regardent et qui sont les plus proches, Calcatoggio et Casaglione, même aujourd'hui, me demandent un effort pour prononcer correctement leur nom et plus d'effort encore pour l'écrire sans faute.

Je ne vais pas plus décrire Calcatoggio que je n'ai décrit Ambleny. Ces villages sont rigoureusement les mêmes qu'il y a quatre-vingts ans et probablement cent cinquante. Il y avait des cafés, des commerces, etc. Je vous épargne, c'est pareil dans la Creuse aujourd'hui.

À Calcatoggio, quand le car s'arrête, on descend à Borgo, à pied, moins de cent mètres de très mauvais chemin. Même aujourd'hui la voiture s'arrête à l'entrée de Borgo. Ce sont deux groupes de trois maisons hautes de trois et même quatre étages, façade en pierre appareillée sans enduit ni peinture, quasi parallèles au chemin de grosses pierres qui ne sont pas apportées : ce sont les pierres du terrain, sur lesquelles on saute de l'une à l'autre, même ma grand-mère en talons hauts, parce que c'est du granit brut.

C'est quoi Borgo ? Les continentaux diraient un lieu-dit, mais c'est inexact, un lieu-dit est à quelque distance du village alors que Borgo en est un quartier. C'est le début du village et la maison de ma grand-mère est la première du début du village, elle en est la pierre angulaire. Des Borgo, il y en a cinquante dans cinquante villages corses, ils se ressemblent tous.

En fait, vivent dans Borgo quatre familles, pauvres, si la pauvreté à la campagne a un sens. Ils vivent avec juste ce qui est indispensable pour vivre en ce temps-là, nous sommes en 1946. Aussi c'est une animalerie, Borgo : il y a des poules partout, des oies chez Marie-Françoise avec des lapins, des chèvres chez Clotilde qui dorment le soir dans la maison d'à côté, trois cochons dans leurs enclos, deux ou trois ânes, des chiens, des chats, des mouches en pagaille, pas d'eau courante, une seule fontaine dont il faut tourner la roue, le tout dans probablement deux mille mètres carrés au maximum. Il y a Clotilde et son mari, hors d'âge, ils ont tous deux plus de cinquante ans. Il y a les Frassatti qui sont mes copains à la vie à la mort, ils habitent chez leurs grands-parents, en face de la maison de ma grand-mère ; ceux-là, leurs poules ont le droit de passer la journée dans notre jardin. Les Frassatti ont un jardin beaucoup plus petit que celui de ma grand-mère, mais rempli de légumes et de fruits.

Il y a Marie-Françoise qui a l'air comme ça très autoritaire, mais qui ressemble à mes Antillaises, ronde et gentille. Il y a son frère Pierre Carbuccia, paysan, berger, fermier, qui possède peu ou pas de terres, mais qui travaille magnifiquement le jardin ombragé et humide de ma grand-mère au fond du fond, derrière les châtaigniers et les chênes. Pierre Carbuccia a trois garçons et deux filles, Lili et Madeleine, qui ont quinze et dix-huit ans lorsque j'en ai six – j'en tombe évidemment amoureux.

Il y a aussi Michel, le plus jeune des fils, qui fait le chevrier, qui trait tous les jours, qui fait les jardins, qui m'a filé ma première cigarette, qui parle à l'âne et qui va finir sa vie gardien-chef honoraire et respecté du Musée du Louvre.

Leur père, Pierre, très impressionnant avec sa moustache de reître, est le seul Corse dont je conserve le souvenir qui tous les dimanches s'habille en Corse pour monter sur la place de l'Église, sans jamais rentrer dans l'église : pantalon et gilet de velours noir, grosse ceinture de flanelle rouge, chemise blanche, grand chapeau noir, souliers cirés comme dans l'armée.

Et puis, adossé à la maison de ma grand-mère, il y a « *i Lucchesi* », ceux dont, en descendant le chemin le premier jour, ma grand-mère m'a dit : « On ne les fréquente pas. » Ils sont toute une ribambelle de petits garçons et de petites filles aux yeux bleus. « On ne les fréquente pas », non pas parce qu'ils sont pauvres,

Pierre et Clotilde le sont beaucoup plus, alors qu'eux, ils sont de la famille du boucher du village, du boulanger, du maçon. « On ne les fréquente pas », alors qu'ils vivent derrière notre maison et que s'ils tapaient sur leurs murs et si les murs étaient moins épais, on pourrait communiquer.

Ce sont des Piémontais ou des Toscans qui ont eu le malheur d'arriver récemment, enfin il y a moins de vingt ans, en Corse, avec leur faux ou leur truelle pour tout bagage. Ils n'ont pas encore marié de Corses à ce moment-là, alors, même s'ils sont sympathiques, vifs, intelligents, « on ne les fréquente pas », même si la dame qui me dit cela est une Parisienne depuis trente ans, qu'elle a été l'épouse d'un avocat parisien, né à Paris, qui a rencontré Lénine, même si elle a été la sœur préférée et proche d'un autre avocat célèbre à l'époque, qui a fini député de la Corse, président du Parti radical à la Chambre des députés, trois années de feu le ministre de la Marine de guerre, son frère César Campinchi.

« *I Lucchesi !* » Les Lucquois ! Curieux, cette appellation, sans doute des Toscans de la région de Lucques sont-ils venus nombreux en Corse au XIXe siècle, mais je privilégie le très vieux souvenir carolingien, époque où les évêques de Lucques, probablement très sévères, avaient d'importantes possessions dans l'île. J'aurai mis quarante ans à me rendre à Lucques et ressentir le choc de la beauté urbaine absolue. L'Italie est le plus beau pays des hommes au monde et la Toscane, c'est le summum de l'Italie. Mes compatriotes qui utilisent péjorativement le terme *Lucchesi* ne sont jamais allés à Lucques, les pauvres. Ceux qui y sont allés n'utilisent plus ce mot.

La prévention de ma grand-mère ne concerne pas bien sûr toutes les familles d'origine italienne. Les Brunelli habitent une grande maison qui domine Borgo, ils sont installés sans doute depuis la fin du XIXe, le temps qui a passé les a dissous dans la corsitude.

Ma grand-mère, au sortir de l'autocar, est transmuée en Corse immémoriale, la Corse un peu craintive, susceptible et fermée. Elle se change dès son arrivée. Elle s'habille en Corse de son village, c'est-à-dire en paysanne veuve du Maghreb, de Sicile, de Crète. La Méditerranée l'engloutit, longue robe informe, fichu sur la tête compris, mais tout noir. La Parisienne élégante disparaît en un mouvement.

La Parisienne, qui à Paris a une dame cuisinière et une bonne parce que son mari dont elle porte le deuil depuis quinze ans était avocat et donc bourgeois, refuse d'utiliser le réfrigérateur que son fils Marc lui a imposé, elle conserve les viandes dans le vinaigre, fait les meilleures frites du monde dans une poêle avec du saindoux et fait toute la cuisine elle-même, mais pas sur un appareil à gaz ou à électricité, dans l'âtre, cassée en deux, les faitouts ou les casseroles ou les poêles sur le trépied, c'est-à-dire dans l'encoignure de deux murs, pas une grande cheminée, dans la cave à vins dont la fenêtre est en rez-de-jardin. Cette ancienne cave à vins nous sert de pièce à vivre dans cette maison qui me semble très haute et très grande et qui est toute petite, parce que ces murs du XVIe siècle sont énormes.

Le premier étage est pour l'essentiel une salle à manger Henri II comme dans toute la France bourgeoise. À côté, la chambre que je partage avec ma grand-mère. Le second étage, c'est pour l'essentiel la pièce musée, les livres, les portraits, les épées, des piles de journaux à la gloire du ministre, des décorations, etc. Le petit garçon n'y est pas admis. Le troisième étage, ce sont les appartements du ministre – il est mort depuis cinq ans – mais personne n'y dort. Le mobilier c'est Napoléon à Sainte-Hélène en moins ostentatoire, c'est vous dire !

Il y a l'électricité mais pas l'eau courante, le téléphone – ministre obligeant – un des très rares du village. On ne l'utilise jamais, sauf une fois, mon père, un appel de Buenos Aires ! Pas de commodités, de w.-c., quoi ! On fait comme les chats, dehors dans les fourrés. Pas de télévision, pas de radio, pas de journaux. J'aurai connu la Corse du XVe siècle.

Pour le spectacle, chaque été, d'immenses incendies (il y avait encore des bergers). Une fois, alors que j'étais à Paris, j'ai vu en première page de *France Soir* ma maison entourée de flammes. C'était notre bois de chênes d'en face qui flambait et le photographe était de l'autre côté du bois.

Vont venir rejoindre ma grand-mère ses trois sœurs, Ignatia, maire de Canelle, une femme maire de son village, alors que de Gaulle vient à peine de donner le droit de vote aux femmes ! Évidemment, de retour de cet été 1946, je prononçais son prénom à la corse, c'est-à-dire sans prononcer les voyelles finales, et ma maisonnée antillaise d'être stupéfaite qu'une dame assurément respectable puisse s'appeler Ignace !

Elle a bien l'âge de ma grand-mère. Elle va prendre l'avion pour la première fois à quatre-vingt-dix-sept ans et mourir à quatre-vingt-dix-neuf.

Il y a Angèle qui va à la messe tous les jours, c'est la seule, oui, en ce temps-là il y avait le curé à demeure dans le village, elle rit de tout et de rien, une bonne humeur permanente. C'est sûrement Jésus. Elle vivra jusqu'à quatre-vingt-seize ans.

Il y a Marie, toute petite, toute voûtée, qui vivra très très vieille elle aussi, elle est flanquée d'un mari continental, retraité, aux petits soins de sa pimbêche d'épouse. Il a la tête et la moustache de Pétain.

Ces quatre femmes sont en noir, habillées pareil, et elles causent ensemble toute la journée, à voix basse pour que je n'entende pas, ni le mari. Dès que nous approchons, bien sûr, automatiquement, elles quittent le corse pour le français. Aucune des quatre ne s'adresse à moi en langue corse. Ignatia lit et écrit pourtant en français couramment, mais parler lui est tout de même peu spontané.

Ces quatre femmes dans le village « fréquentent », selon un code très établi, d'abord la famille du docteur Versini chez lequel on parle français, ensuite les Romanetti, la famille de l'illustre bandit. On fréquente également la famille Multedo. Octave Multedo, c'est l'instituteur qui punit ceux qui parlent corse en classe et même dans la cour de récréation. Il est formidablement pédagogue. Je suis resté une partie de l'année 1951 dans ses classes, parce qu'il fait trois classes en même temps dans la même salle, nous sommes quarante – on nous explique aujourd'hui que le nombre optimum c'est douze.

Le Monde a publié, il y a plus de soixante ans peut-être, un article précisant que, proportionnellement à sa population, Calcatoggio était de toute la France le village qui avait produit le plus d'agrégés ! Ils étaient en ce temps-là au moins dix. Je suis sûr qu'Octave y est pour quelque chose.

On recevait la visite de Pierre Carbuccia presque tous les jours, il s'asseyait et causait avec ma grand-mère, on recevait également la famille Frassatti dans laquelle il y avait trois agrégés, la mère, le père et la fille aînée, et les deux chenapans avec lesquels j'ai appris à jouer à la belote. L'un est devenu commissaire de police, l'autre, le plus jeune, censeur je crois, héros de la célèbre affaire du mariage forcé ! Il s'appelait Ange et avait eu une relation coupable avec la fille du café-épicerie de l'entrée du village, mariage convenu, mariage suivi aussitôt d'une séparation – mais le divorce c'était compliqué en ce temps-là, surtout quand on ne pouvait rien reprocher à la tendre jeune fille à laquelle on avait fait l'enfant.

Aussi Ange a choisi la demande en nullité du mariage, le dernier cas en France. Deux ou trois arrêts de cassation, des articles de doctrine fort savants, ce sont des décisions célèbres en droit de la famille, il a perdu son procès et a dû finir par attendre que le divorce soit prononcé.

Mais la nullité pour quoi ?

Pour violence et contrainte. Il soutenait, et des témoins aussi, que les cousins de la mariée étaient descendus de la montagne avec des fusils et qu'à la mairie, ils étaient entrés avec. Mais dans leur infinie sagesse, les magistrats de la Cour de cassation, prenant en considération d'autres témoignages, ont jugé qu'il n'y avait pas eu violence au sens de la loi, dès lors que n'était pas établi qu'au moment du « oui » solennel les fusils étaient dirigés sur le mari.

Ceci s'est passé un peu plus tard, dans les années cinquante.

Cet été 1946, nous sommes au lendemain de la guerre et enfin je comprends la signification du maquis. Certes, je me suis interrogé : comment autant de résistants qui ont sauvé la France se sont-ils concentrés ici dans ces taillis épineux qui entourent le village jusqu'à la mer, en bas, si loin, un kilomètre et demi à vol d'oiseau, cinq kilomètres par la route ?

Je les ai bien aimées, mes quatre dames austères, voûtées, brusques, elles n'avaient jamais rien vu de plus joli que moi alors que je ne suis pas sûr qu'avant mon arrivée trois d'entre elles aient connu mon existence.

Je dormais évidemment avec ma grand-mère et ça m'allait bien, mais j'avais un faible pour Ignatia la brutale qui, odieusement trompée par son mari – lequel avait réussi à se tuer à 56 ans dans un accident de voiture dans les années vingt entre Sari et Cannelle – lui a fait toute sa vie durant manger la soupe alors qu'il n'aimait pas la soupe, enfin, c'est ce que sa sœur Angèle m'a raconté.

Brutale, Ignatia – elle a balancé devant moi du grenier, douze mètres, un chat qui l'encombrait, le chat corse devait être habitué, il est retombé sur ses pattes –, je l'aimais particulièrement parce que quand je passais quelques jours chez elle, pendant des années, c'était la liberté totale. On pouvait aller chez tous les voisins et rentrer longtemps après l'heure. Il n'y avait aucun interdit. Elle ne nous faisait pas la soupe à la grimace réservée à son défunt mari, mais la meilleure charcuterie que j'aie jamais mangée. C'est vrai absolument pour la « coppa ».

Ses cochons n'étaient pas estampillés corses, coureurs de chênes et nourris aux glands, mais de grosses bêtes roses qui mangeaient, comme la plupart de leurs congénères de l'époque, les déchets des humains et qui grossissaient confinés dans leur enclos.

Ignatia, elle, « fréquentait » la famille de son métayer Aldo, piémontais ou toscan pure souche. Il vivait dans la maison à côté de la sienne avec une fort belle femme italienne elle aussi et trois enfants. L'un est devenu CRS, sans doute dès 1947, l'un des premiers.

Ignatia et la famille d'Aldo se « fréquentaient » au sens que ma grand-mère ne fréquentait pas les Italiens d'à côté de notre maison, elle leur parlait comme à des amis ou des parents, elle les recevait chez elle, bref elle ne faisait aucune différence entre ces Italiens et les Corses de son village, ses électeurs. J'avais déjà le sentiment qu'elle transgressait et il est possible que mes transgressions systématiques viennent d'elle. Curieux, ma tante Ignatia transgressait les codes alors qu'elle n'avait quasiment jamais quitté son canton, alors que ma grand-mère, épouse d'un Parisien socialiste en col cassé à la Jaurès, redevenait dès le pied posé à Calcatoggio le symbole de la xénophobie locale. Il est vrai qu'elle devait sans doute tenir son rang : pas question de « fréquenter » non plus les trois quarts des villageois, soutiens ou obligés du maire et de sa famille, adversaires politiques depuis au moins deux cents ans. Maires quasiment de père en fils depuis le Premier Empire.

Toutes les rues du village et ses places portent le nom d'un Gentili, c'est la famille du maire. Aucun d'un Campinchi. Même pas celui de mon grand-oncle, le frère de Laetizia, César, Napoléon, Sampiero l'avocat illustre et le ministre de la République.

Aujourd'hui, je pense que ce que reprochait en fait ma grand-mère aux *Lucchesi*, c'était de voter et de faire voter pour le maire. En plus, des étrangers, insupportable ! Les Corses seraient-ils un peu racistes ? Non : probablement la communauté la moins raciste du monde.

On peut se poser dix mille questions sur la race, la réponse est le sexe, comme dirait Woody Allen. Le raciste c'est celui qui répudie la fille qui a marié un étranger à la communauté et c'est celui qui exclut l'enfant. C'est la société anglo-saxonne et des quantités d'autres.

Les Corses sont des Méditerranéens, mais des Méditerranéens exacerbés. Le fils d'un Corse et d'une

Vietnamienne est complètement corse. Le concept de métissage est étranger à l'île. Toute la déclinaison antillaise n'existe pas, ne se conçoit pas, et ce qui est vrai de l'enfant naturel l'est aussi de l'enfant adopté : allez dire à une Corse ou à sa famille, mariée à un Tourangeau, qui a adopté un petit Togolais que ce Togolais-là n'est pas corse ! Quelle incompréhension ! Quelle colère !

L'historien Fernand Braudel a écrit que déjà sous le règne de Philippe II d'Espagne, il y a 450 ans, la diaspora corse est la plus importante de celles de toutes les îles de la Méditerranée, la Sardaigne pourtant trois fois plus peuplée, les Baléares, peut-être même la Sicile. Il y a des Corses partout, sur tout le pourtour de leur mer et singulièrement à Alger où ils forment une partie de la marine barbaresque. C'est sans doute d'ailleurs pourquoi la Corse a été particulièrement exposée aux raids des barbaresques : les marins connaissaient l'endroit.

Qui est corse pose donc une question.

Celui qui n'y a aucune attache de sang, mais y travaille et y vote, avant de prendre retraite à Quimper ou Aurillac ?

Celui qui né de père et de mère corses mais n'y a plus maison ni jardin et seulement le caveau familial ? Le même dont la famille était trop pauvre pour avoir conservé même une tombe ? Celui dont le père est corse mais pas la mère ou vice versa ? (Voilà matière à exclure du peuple corse une partie considérable de militants nationalistes).

Celui qui y est né ? Celui qui y sera enterré ? Celui qui y a passé une vie de travail, ou celui qui y a passé une vie de vacances et de bonheur ? Celui ou celle qui a marié un Corse de l'île ou d'ailleurs, lui-même corse, ou à moitié ou au quart ?

On ne va nulle part, ou plutôt on revient à Fernand Braudel : la Corse a pris le bateau depuis des siècles, puis l'avion. Sont restés dans l'île certains malchanceux qui n'ont pu la quitter parce que trop démunis pour s'établir ailleurs et heureusement, beaucoup de chanceux qui ont pu continuer d'y vivre ou d'y revenir. À force d'émigration volontaire ou contrainte, le concept de nation corse a muté depuis des lustres : est corse celui qui se considère comme tel. Ce n'est ni tout à fait le sang, ni la terre, ni le patronyme, ni la langue qui fait le Corse, mais l'Idée, c'est-à-dire la conviction de l'être. L'appartenance à l'île procède de la conjonction d'une immense dispersion de ses enfants, qu'ils soient bâtards ou non, et d'un phénomène propre à cette île-là et peut-être à quelques autres endroits dans le monde : l'exceptionnelle puissance du rattachement identitaire aux mythes qu'elle a forgés.

N'en déplaise aux nationalistes, le pays le plus proche conceptuellement de la Corse est la France. Ils sont tous les deux, ces pays, fondés sur une « Idée » : est corse comme est français d'abord celui qui se considère comme tel et qui comme tel a fait siens les mythes qui en sont le ciment. Nombreux sont mes compatriotes qui ainsi pensent et vivent leur vie comme ils imaginent que devaient être les pensées et la vie du Corse mythique.

Une jeune femme a joliment attaché le tweet suivant « Choisir entre la Corse et la France reviendrait à devoir choisir entre sa mère et son père. » C'est vrai ! Pourquoi devrions-nous choisir ? Pourquoi ne pourrions-nous pas aimer les deux d'un même amour ?

Il est un fait qu'une partie des Corses vivent la chose différemment : « Je suis corse donc je ne suis pas français, donc je subis un asservissement, une colonisation, etc. » Mais qu'advient-il alors de ceux d'entre ceux-là qui ne sont corses que pour moitié et alsaciens ou bretons pour l'autre ? Rejeter leur père ou leur mère continental ? Que nenni ! La dame bretonne qui a enfanté un Corse, ou le père alsacien qui a joué un rôle dans sa procréation, est devenu corse ! En fait, la conception corse de « l'appartenance » est exactement le contraire de *the one drop rule* des sudistes américains et des afrikaners. Vous savez ce principe ségrégationniste né au début du xxe siècle selon lequel il suffirait qu'un enfant ait une seule goutte de sang noir pour être « tâché » et donc exclu du monde des blancs.

Les Corses c'est l'inverse. Il suffit d'une goutte pour faire d'un enfant noir un Corse ! c'est d'ailleurs pourquoi les allusions parfois narquoises aux origines maternelles ou paternelles de certains « nationalistes » corses sont par ceux-ci choses simplement incompréhensibles : ma mère est peut-être bretonne, mais je suis un autonomiste corse.

Puissance du mythe qui crée un attachement tellurique à l'île !

Chez mes Versini par exemple.

Mon arrière-grand-père paternel – celui dont je tire mon nom patronymique avant d'y avoir attaché le nom adopté de ma grand-mère Laetizia Campinchi – cet arrière-grand-père donc, Pierre Versini, lui-même fils d'un Pierre secrétaire de l'évêque de Vico (Pierre I), a quitté l'île vers les années 1810 pour Paris alors qu'il était né à Vico en 1804. Officier sorti du rang, conquête de l'Algérie aidant, il a terminé sa carrière prématurément en 1852 parce qu'il était républicain et donc anti-bonapartiste. Il a quitté l'armée avec le grade de commandant d'un bataillon de chasseurs à pied et Légion d'honneur décernée par Napoléon III.

Il ne parlait plus le corse, Pierre numéro II, et n'était jamais revenu dans l'île, mais, retraité, il a pris le bateau, rejoint Vico où il a marié une petite-cousine d'une famille alliée, les Leca, et il s'est empressé de retourner à Paris pour y mourir très vieux sans jamais revoir la Corse.

À la jeune épousée, il a fait un seul fils, Pierre, qui n'avait même plus de maison à Vico, son père ayant cédé sa part indivise de ladite à un cousin Leca. Ce Pierre III a vécu toute sa vie à Paris, avocat modeste, mais bourgeois, socialiste à la Jules Guesde, ce qui était fort rare. Dans la famille, nous n'avons conservé de lui qu'une anecdote et une expression. L'expression est de mépris : « Les imbéciles ont toujours chaud et n'ont jamais le temps. » L'anecdote c'est une question qu'il aurait posée à Lénine de passage à Paris au tout début du siècle dernier :

– *Que ferez-vous des opposants ?*

– *Les opposants, on les fisille…*

Le « u » doit être difficile à prononcer pour les Russes.

Cet avocat austère, toujours en redingote et haut-de-forme, qui votait socialiste, ce qui était à l'époque peu courant chez les bourgeois, s'est pris d'amitié pour un confrère beaucoup plus jeune et déjà connu, César Campinchi, un compatriote. Et voilà Pierre III, qui ne sait pas un mot de corse, qui pour la première fois entreprend le voyage pour la Corse. Il est invité chez les Campinchi où il trouve – comme c'est surprenant – une jeune fille de bonne famille à épouser : ma grand-mère Laetizia. Il a déjà cinquante-cinq ans, elle la trentaine, il lui fera deux fils dont l'un, important pour moi, mon père, Pierre IV.

Histoire de la paysannerie française, de toutes les provinces, ou bien histoire corse ?

Ces deux Versini qui à travers le XIXe siècle et au-delà ne sont retournés sur leur territoire d'origine que pour y trouver, tels des saumons, à qui s'accoupler et procréer, c'est probablement l'histoire de la France entière, celle des Aveyronnais, des Savoyards ou des Bretons, mais tout de même ! deux voyages seulement dans l'île en près d'un siècle et demi pour s'y marier, c'est l'île verrouillée !

Je confirme cependant que si l'on avait dit à Pierre II, le commandant de chasseurs à pied de la conquête de l'Algérie, ou à Pierre III, l'avocat parisien socialiste, qu'étant corses ils n'étaient pas français ou l'inverse, ils seraient restés bouche bée. Ils ont été un moment de l'histoire familiale que mon père, pour sa part, va se charger de réécrire entièrement. J'ose à peine ajouter en effet que Pierre III, l'avocat, ne s'est plus jamais rendu en Corse ! Il avait, disait-il, le mal de mer, mais sans doute la nombreuse famille des Campinchi le fatiguait-elle.

C'est probablement à cause de Pierre II, qui a vendu aux cousins sa partie de maison, que notre famille a quitté Vico. Il n'y reste que le nom de la rue Commandant Versini, mon arrière-grand-père, le chasseur à pied de la conquête de l'Algérie. Lorsque je m'y rends, je me sens un peu gêné, je suis chez moi pour y avoir eu peut-être des ancêtres établis depuis des centaines d'années, et puis je ne m'y sens pas chez moi parce que je n'y ai plus de maison.

Ce sentiment doit être partagé par quantité de personnes chaque fois qu'elles traversent avec timidité leur village d'origine dont elles ne gardent que de lointains souvenirs familiaux. Nous sommes chez nous, mais nous n'y sommes plus.

Les Campinchi de Calcatoggio, c'est une tout autre société que les Versini de Vico, ce sont des possédants – des féodaux, disait mon père qui préférait sa lignée Versini. Ils sont propriétaires de la terre qu'ils exploitent (vigne, blé, châtaignes, troupeaux) ou confient à ferme. Ils peuvent nourrir non seulement les ouvriers agricoles corses qui sont nombreux, les faucheurs et vendangeurs saisonniers qui viennent du Piémont, mais toute une famille, générations confondues, d'environ quinze personnes. Ils peuvent même envoyer les filles s'instruire dans une institution religieuse à Bastia et envoyer tous les garçons entreprendre des études supérieures à Paris. À coups de privations évidemment.

Tous vivent dans une maison de cent quatre-vingts mètres carrés sur cave à vin de deux niveaux. Le troisième étage sera élevé par César au moment de sa prospérité, dans les années trente.

Ces Campinchi sont la reproduction de centaines de familles corses : seul l'aîné, Marc, hérite, de fait, de la terre. Seul, il est autorisé à se marier et faire des enfants, la loi républicaine de l'égalité dans les successions étant ce qu'elle est, mais à condition de bien se marier avec une de la famille Graziani de Saint-André qui est une famille équivalente puisque « possédante ». Les cadets de Marc, Jérôme et Joseph, vont quitter la Corse à vingt ans pour s'employer à la Compagnie du gaz à Paris dans les années 1850. Un autre frère, Antoine, va devenir vicaire de l'église Saint-Roch, à Paris également. Les deux premiers, retraite acquise à moins de cinquante ans, vont revenir à Calcatoggio pour travailler la terre, aider leur frère Marc puis y mourir, l'un à soixante-quinze, l'autre à presque cent ans. Ils sont dans la maison avec la mère, les tantes, les cousines et les filles, qui sont cinq à l'époque où Pierre III épouse Laetizia.

Tous avec des caractères, disons, tranchés, c'est-à-dire proprement insupportables. Neuf enfants, en fait il ne reste que les quatre filles, Laetizia et ses sœurs Ignatia, Angèle et Marie et, jusqu'en 1941, le petit dernier de la famille, César, qui a pu échapper.

Échapper à quoi ?

À la phtisie. Il est né en 1882 et n'a rejoint Paris pour y accomplir ses humanités que vers 1900.

Ses trois frères aînés, Paul, étudiant en droit à Panthéon tué par le bacille à 22 ans ; l'autre, Crescent, en rhétorique supérieure pour préparer Ulm, tué par la même bête, la même année 1890, à 19 ans ; enfin Dominique, étudiant en médecine, emporté en 1898 à 25 ans. Cette tuberculose foudroyante a tué en deux générations quantité de jeunes paysans montés à la ville. Dans la famille, on a dit que c'était l'oncle Antoine, le vicaire qui était leur tuteur, qui avait le mauvais œil, le pauvre homme.

Crescent, prénom rare en Corse, je lui trouvais une consonance britannique alors que c'est du latin. À chaque génération de ces Campinchi-là il y a un Crescent et, dans le village où cohabitent plusieurs familles Campinchi qui ne sont pas nécessairement liées, on distinguait ceux de la famille de ma grand-mère : *i Campinchi di Crescenti*. Ceux-là viendraient, dit-on, de Campo, un village de la montagne du côté sud du golfe d'Ajaccio. Ils auraient été, au XVIe ou avant, tellement sympathiques qu'une vendetta les aurait tous exterminés, sauf un prêtre et une femme enceinte. Il ne faut jamais oublier qu'au début du XVIIIe, les vendettas assassinaient 1000 Corses mâles par an, 30 000 en 30 ans, dans une île d'environ 120 000 habitants. En 1848, encore 250 assassinats. Aujourd'hui on fait la une nationale avec une petite dizaine d'homicides.

Dans ma vie entière jusqu'ici, j'aurai passé en séjours cumulés six années en Corse, dix ans à Ambleny, à peine six mois aux Antilles, le reste à Paris. Ces six années corses, ce sont surtout les vacances, sauf quelques mois à l'école communale de Calcatoggio, et le plus souvent des vacances solitaires. Alors, comme d'habitude, j'ai vécu dans les arbres, plus précisément dans trois arbres, le tilleul juste devant la porte d'entrée de la maison, le pin immense dont il s'agissait de monter à la cime à toute vitesse, bras et jambes comme sur un escalier de meunier, puis un peu plus loin sur un rocher et sur l'olivier, énorme, le plus gros du canton assurément, auquel, docte, mon oncle donnait plus de deux mille ans.

Ma steppe, c'était un champ d'immortelles juste en bas de notre maison. Des aïeux y étaient enterrés, des aïeux proches, les parents et les grands-parents de ma grand-mère dont les tombes étaient quasiment devenues invisibles, envahies qu'elles étaient par la végétation et, lorsqu'entraîné par je ne sais quel combat homérique, je courais à l'endroit où devaient se situer ces tombeaux, ma grand-mère me criait (gentiment) d'éviter de marcher dessus.

En 1949 on les a déterrés, ces quelques aïeux, pour les mettre dans la rituelle chapelle du bord de la route, car, à Calcatoggio, le cimetière municipal ne servait qu'aux quelques noyés rejetés par la mer en provenance des côtes italiennes. Même les familles qui ne possédaient pas de terrains avaient droit chez les « possédants » à un coin de terre pour y être enterrés.

Je dis *quelques aïeux* seulement parce que jusqu'au siècle dernier les Campinchi de notre famille et d'autres du village allaient se faire enterrer très loin dans une chapelle dont j'ignore tout. Je regrette que ce champ du bas, qu'on appelait *u finaju* (sans garantie de l'orthographe) ne serve plus de clos de repos. On y respirait assurément mieux qu'au bord de la route.

Et la mer dans ces vacances ? Rien à l'époque de construit au bord de la mer, dont les rivages sont de toute éternité hostiles.

J'ai connu (en 1946-1947) l'une des dernières transhumances du village au bord de la mer. Deux kilomètres à vol d'oiseau, quatre ou cinq kilomètres par la route. Tout le village, même ma grand-mère Laetizia et nos voisins italiens, descendaient pour la journée ou quelques jours au bord de la grande plage du Stagnone, dans son coin gauche au lieu-dit Orcino. Un vestige d'une ancienne coutume des villages de certaines régions de Corse d'aller au bain pour se baigner – faute pour les villageois de savoir nager. Nous descendions à la mer à pied, les enfants en courant et les hommes en marchant, les femmes sur des ânes bâtés ou des mulets sellés. Il n'y avait en ces années d'après-guerre aucune voiture automobile et mon oncle Marc, arrivé une fois par le bateau de Marseille avec une Bugatti 57 décapotable, a créé la stupeur dans tout le canton.

On installait sur la plage des cabanes de branches et de fougères, on faisait des feux, on mangeait du poisson, frais évidemment. Aujourd'hui, sur cette plage, il y a un des plus grands hôtels de l'île, *Le grand bleu*, construit dans les années soixante. Avant, il y avait moi, solitaire.

Aussitôt que j'ai su nager, c'est-à-dire vers l'âge de quatorze ans, je descendais tous les jours à pied en courant et je remontais en auto-stop. Seul sur une plage immense réputée dangereuse par mauvaise mer. Ma grand-mère ne s'inquiétait pas et elle avait bien raison, je ne me suis jamais noyé. Et pendant quasiment un mois je ne me lavais pas, de telle façon que je rentrais à Paris tout salé comme un hareng saur.

César, Napoléon, Sampiero

Que reste-t-il de mes Versini et de mes Campinchi ? Au-delà de ce que je viens d'écrire, quelques photographies figées, de quoi remplir une boîte à chaussures. Pas un papier intéressant. Voilà pourtant des gens instruits depuis longtemps. C'est notre sort à beaucoup. C'est sans doute une des choses qui distingue les aristocrates des paysans, des ouvriers et des bourgeois ; les paysans et les ouvriers faute de moyens, les bourgeois parce qu'ils se considèrent comme seul sujet d'intérêt. Les mémoires de ces filiations sont ainsi effacées en une ou deux générations.

Du « grand homme » de la famille, l'avocat-député-ministre, mon cousin germain et moi n'aurons conservé que le patronyme, patronyme rattaché à celui de nos pères respectifs par voie d'adoption. Nous avons en effet été l'un et l'autre adoptés chacun par une de nos deux grands-tantes, Ignatia et Angèle Campinchi, faute de quoi ce patrimoine familial aurait tout simplement disparu. Marc Campinchi et sa femme Gracieuse avaient pourtant, à la fin du dix-neuvième siècle, élevé neuf enfants, cinq filles et quatre garçons. Une seule de leurs filles, ma grand-mère Laetizia, a fait deux fils qui ont procréé, une autre, Angèle, a perdu le sien, Jean, tué à douze ans par le tétanos alors qu'il était élève à Paris au lycée Buffon comme ses deux cousins germains Pierre et Marc, mes père et oncle. Et puis c'est tout. Aucun autre enfant. Pierre et Marc portaient évidemment comme patronyme celui de leur père, Pierre III Versini. Et voilà pourquoi, sauf adoption, le nom de notre famille Campinchi, vieille de plusieurs siècles, se serait éteint, et ceci en une seule génération.

César Napoléon Sampiero Campinchi mérite un arrêt sur image, sans doute le dernier avant d'être dissous dans l'indifférence de l'éternité. Nous savons qu'il a été un des quatre plus grands avocats de l'entre-deux-guerres, à l'époque où les avocats pénalistes étaient des stars parce qu'ils allaient aux décapitations de leurs échecs de plaideurs. Deux juifs, Torres et Valensi, et deux Corses, Moro-Giafferi et Campinchi.

Celui qui a fait de César Campinchi la description la plus crue, sinon la plus pertinente, est son éminent confrère Maurice Garçon. Dans son *Journal 1939-1945*[1], on lit ceci :

> 24 février 1941
>
> Les journaux de ce matin annoncent la mort de Campinchi. C'est une destinée arrêtée trop tôt. J'attendais

1. *Journal 1939*-1945, Paris, Les Belles Lettres/Fayard, 2015, p. 232.

avec curiosité de voir ce que deviendrait cet habile et froid égoïste. Il était, dans la vie, parti en flèche et avait obtenu tout ce qu'on peut obtenir dans un temps record. Renommée au barreau, conseil de l'Ordre, fortune. Son mariage l'avait jeté dans la politique. Il avait tout réussi et, après une première législature silencieuse passée à se faire des relations de couloirs et de presse, il était devenu ministre.

La débâcle l'avait laissé à peine découragé. J'attendais son ralliement à l'ordre nouveau et sa nomination, tôt ou tard, à la fonction d'ambassadeur, quel que fût le gouvernement. Le voilà fauché prématurément.

Bien qu'il soit un des principaux artisans de notre brouille avec l'Italie, il s'était tiré d'affaire sans bobo. Jamais on n'a songé à le poursuivre, comme Mandel ou Reynaud, comme responsable des événements. Déjà il s'installait et suivait son ambition. Elle n'était pas maigre. La mort s'est chargée de niveler.

Il aura moins d'articles de journaux que si nous vivions en temps ordinaire. Mais il en aura. Il a tant travaillé pour ça !

Une chose est sûre, le cancer a emporté prématurément César.

Cet éreintement suave d'un confrère sans doute un peu jaloux – il n'avait réussi ni le concours de la Conférence du stage des avocats de Paris, ni l'élection au conseil de l'Ordre – et passablement méchant ne dit pas tout, pour enterrer définitivement ce grand-oncle. Outre ses mérites d'avocat, il avait fait une Grande Guerre exemplaire, médaille militaire, croix de guerre, blessures.

Manifestation d'honneur : il a sans doute eu celui du dernier duel au pistolet dans notre pays, curieusement contre un Corse, alors journaliste et devenu député : Horace de Carbuccia. Reblessure.

La ronde : j'aurai, avec Marc Maroselli, bâtonnier d'Ajaccio, défendu pendant dix ans un patrimoine de la petite-fille d'Horace de Carbuccia, Anne de Carbuccia.

Plus dramatique, le 19 février 1934, c'est-à-dire onze mois après l'arrivée au pouvoir d'Adolf H., Campinchi préside la Commission d'enquête internationale sur les atrocités hitlériennes[2]. À 8 heures 45 précises, dans la salle de la Société d'encouragement pour l'industrie nationale, 44, rue de Rennes, composée de juristes et de médecins, la Commission a entendu la déposition de plusieurs témoins qui ont été enfermés dans les camps de concentration. Je ne suis pas sûr qu'il y ait eu beaucoup plus rapide dans la réaction à l'hitlérisme, sauf peut-être de la part de son futur collègue Winston Churchill, qui sera *Lord of the Sea* quand Campinchi sera ministre de la Marine de guerre.

La Marine de guerre c'est, entre 1920 et 1940, une chasse gardée des Corses, d'abord Adolphe Landry, chef du clan dit de gauche de l'île, dans les années 20, puis François Pietri, chef du clan dit de droite, au début des années 30 ! Enfin Campinchi, de 1937 à 1940. Curieux, ces manières qu'avaient les politiciens corses de l'époque de servir en même temps leurs intérêts

2. Gérard SYLVAIN, *La Question juive en Europe 1933-1945*, Paris, Lattès, 1985 (réédition EDDL, 2001), p. 21.

claniques dans l'île et les intérêts supérieurs de la nation hors de l'île.

César a d'abord été ministre de la Justice – garde des Sceaux, à peine le temps m'a-t-on dit de nommer un futur maire de Neuilly-sur-Seine commissaire de police ; puis il a été ministre de la Marine de guerre. Il aura l'honneur de lancer en 1939 et début 1940, en queue-de-pie, chapeau haut de forme et gants blancs, les deux derniers cuirassés français et même européens, le Jean Bart et le Richelieu.

Dans les décombres de mai-juin 1940 il sera, et je le mets à son actif, l'un des cinq ministres qui s'opposeront farouchement à Pétain, Laval et l'armistice, avec Georges Mandel, Jean Zay, Édouard Daladier et Yvon Delbos. Ceux-là veulent que le gouvernement parte pour l'Empire, c'est-à-dire d'abord au Maroc, épisode malheureux du Massilia, un paquebot réquisitionné par le dernier gouvernement de la IIIe République qui ne transportera à la fin juin 1940 que vingt-sept parlementaires sur plus de cinq cents à Casablanca. La plupart des autres – sauf quatre-vingts – se coucheront devant Pétain.

Sur le Massilia, anecdote, il y a aussi Mendès-France.

Georges Fourneret, qui finira tué en déportation, était alors directeur des services de Sécurité du Maroc. Monté le premier à bord, témoin obligé et acteur des événements, il a laissé un court récit inédit qui a incité son fils Pierre à explorer les circonstances de l'affaire, sous le titre : *Le Procès du* Massilia *ou la déraison d'État*, pour réhabiliter « ces premiers résistants que la propagande du gouvernement de Bordeaux [...] a fait passer pour des fuyards avec l'aveu d'une bonne partie de l'opinion de l'époque[3]. »

Pierre Fourneret rapporte cet épisode :

> Le commandant [Ferbos, capitaine du Massilia] se rend auprès de M. Campinchi qui est en train de s'installer dans son appartement et l'accueille avec le sourire :
> – Vous voyez commandant, tout va bien.
> – Non, Monsieur le Ministre, tout va mal. L'équipage est près de se mutiner.
> Après une heure de discussion, l'ancien ministre de la Marine de Guerre serre les mains des délégués syndicaux marins qui restent rébarbatifs. Personne ne sait informée par qui, mais l'Amirauté fait monter à bord quatre-vingts hommes de la marine de guerre, fusiliers marins en armes et apprentis mécaniciens de Lorient bien encadrés[4].

Et le Massilia de quitter enfin le port du Verdon dans la Gironde. Les fusiliers marins dépêchés par l'Amirauté avaient dû apporter le liant nécessaire pour convaincre les marins civils du Massilia qu'après tout, un voyage au Maroc était une bonne chose. L'Amirauté,

3. Pierre FOURNERET, *Le Procès du* Massilia *ou la déraison d'État*, 2015, p. 2. Document en ligne à l'adresse http://georgesfourneret.fr/wa_files/in_2014.pdf, consulté le 12 avril 2020. Alors que, comme le souligne l'auteur dans son avertissement, « le jugement est toujours en suspens », il réunit tout un faisceau de témoignages, de pièces d'archives administratives et judiciaires, ainsi que d'extraits d'ouvrages évoquant l'affaire, pour reconstituer au plus près « l'épopée » du Massilia.

4. *Ibid.*, p. 35.

suivez mon regard, Campinchi en était encore le chef huit jours auparavant.

Pierre Fourneret ajoute :

> Campinchi obtient pour lui-même et Mandel la permission de monter sur la passerelle aux côtés du Commandant Ferbos. Les deux hommes politiques passeront la plus grande partie de leur temps sur la passerelle. Ils auront avec le commandant de longues conversations. M. Mandel est amer et ne désarme pas. M. Campinchi est plus objectif, moins hargneux, mais aussi résolu[5].

Rentré en France en juillet ou août 1940, Campinchi échappe à la détention que subissent Mandel, Zay, Daladier et Paul Reynaud, mais il entre en clandestinité. Il choisit de se déguiser sous le patronyme de Giacobbi. On peut difficilement faire plus corse. Les journalistes de la collaboration ne s'y tromperont pas. Ils stigmatiseront « ce juif de Campinchi ». Nous n'avons conservé qu'une lettre de lui, adressée le 10 octobre 1940 à ma grand-mère Laetizia. Elle est en Corse déjà, lui à Marseille :

> J'ai prié V. de Gentile (le maire de Calcatoggio de père en fils) de m'adresser mon extrait de naissance avec un certificat que notre père était électeur, c.a.d français au moment de ma naissance (tous les avocats sont obligés de faire cette justification). Voulez-vous le presser de m'envoyer au plus tôt ces deux pièces d'urgence.

5. *Ibid.*, p. 36.

Où l'on voit que Hitler a bon dos : l'État français du Maréchal faisait très bien les choses lui-même.

Le cancer l'a rattrapé dès février 1941, mais il ne me semble pas que, s'il avait vécu, il aurait fini par chanter « Maréchal nous voilà ». D'ailleurs, devenu vieux et gentil, Winston écrit ceci dans ses mémoires de guerre :

> Je me fis une haute opinion de cet homme : son patriotisme, son ardeur, la vivacité de son intelligence et surtout sa résolution de vaincre ou de mourir était absolument frappante. Ce Corse tenace ne recula ni ne flancha jamais[6].

De sa carrière d'avocat, il avait assurément conservé le souvenir du traitement proprement abominable qui était infligé aux jeunes délinquants. Aussi, en 1937, alors député, il a déposé une proposition de loi de protection des mineurs délinquants. Cette proposition a abouti sous l'impulsion d'Hélène Landry, sa veuve, à la promulgation de l'ordonnance du 2 février 1945 qui régit encore la matière. Le tribunal des mineurs et le juge des enfants, c'est pour beaucoup une initiative de Campinchi.

R.I.P. Bravo et merci Tonton.

Et le petit garçon de six ans, comment se situe-t-il dans cette famille sombre comme un bois de châtaigniers ? Il ne se pose pas la question. Il ne se la pose pas plus que toutes les personnes qu'il rencontre en Corse

6. Winston CHURCHILL, *La Deuxième Guerre mondiale,* Tome I : *L'Orage approche,* 2e vol. *: La « drôle de Guerre ». 3 septembre 1939-10 mai 1940,* Paris, Plon, 1948, p. 107.

ou qu'il rencontrera avec sa grand-mère à Paris : « C'est le fils de Pierre. » Jamais je n'entendrai aucune question du style : « Et la mère c'est qui ? », ou encore : « Comment se fait-il qu'il soit si basané, ce petit garçon ? » Il est vrai qu'avec des cheveux bouclés et noirs, si je ne ressemble pas tout à fait à un Antillais classique, on pouvait me confondre facilement avec un Marocain ou un Tunisien. Mais la question n'est pas posée et elle ne l'a jamais été. Très difficile dès lors d'émettre un doute sur son identité.

Je suis le fils de Pierre.

Pierre est corse.

Je suis corse.

Point barre.

DU COTÉ DE PIERRE, MON PÈRE

Mes sœurs

La question de savoir qui je suis exactement et où je me situe aura pourtant été posée cet été-là, en 1946, par une grande jeune fille de dix ans qui arrive dans la maison de ma grand-mère Laetizia accompagnée d'une dame que je ne pouvais pas imaginer : rousse avec des taches de rousseur, une chevelure magnifique et une vitalité qui me stupéfie. Elle est la mère de la jeune fille et cette jeune fille est ma sœur aînée.

Même aujourd'hui, soixante-dix ans plus tard, lorsque je dis « ma sœur » je parle d'elle, les suivantes je les appelle par leur prénom.

Elle s'appelle Myriam, elle est avocate à Paris aujourd'hui, rien de surprenant puisqu'en cent trente ans environ, nous cumulons deux cents ans d'avocature familiale au barreau de Paris.

Elle s'appelle Myriam, prénom inusité à l'époque, parce que sa mère est juive, de la grande famille des Sassoun qui – aux dires de mon père – aurait, seule tribu juive du territoire, tenu tête pendant des siècles, juchée sur sa montagne, aux Afghans, jusqu'à ce qu'elle se disperse, cette tribu, dans le monde entier, après la conquête britannique de l'Afghanistan.

Comme il m'est difficile d'écrire sur les vivants et plus encore sur ceux qui me sont proches, je ne dirai qu'un mot de cette famille singulière que m'a faite mon père et qu'après Myriam j'ai découverte pas à pas.

Myriam c'était simple, je pouvais encore me situer. Elle avait trois ans de plus que moi, mon père avait épousé sa mère, Gabrielle Sassoun, puis en avait divorcé. Ceci se passait probablement dans les années 1935-1936, juste avant l'exil forcé de mon père aux Amériques. Mais trois ans plus tard, en 1949, mon père et Marcelle, ma mère, m'ont annoncé comme si cela allait de soi l'arrivée prochaine en France d'une deuxième sœur, toute faite, Leticia, neuf ans quand j'en avais dix, une tête au moins de plus que moi, une assurance et un comportement de hussard. Elle savait et elle espérait depuis des années voir son frère chéri alors que, pour ma part, j'avais jusqu'ici tout ignoré de son existence. Elle est arrivée avec Sylvia, sa mère, juive espagnole celle-ci, dont la famille avait émigré en Argentine en provenance de Smyrne où elle était établie depuis le XVe siècle sans que jamais les dames de la famille aient appris le turc. Elles ne parlaient que le ladino avec les domestiques et le français entre elles.

Leticia était donc née à Buenos Aires. Sylvia, sa mère, était aussi grande qu'élégante, somptueusement habillée. Je conserve d'elle l'image d'un mannequin des années 1950, avant que les hauts couturiers aient gommé complètement les formes des femmes. J'ai beaucoup aimé cette « belle-mère », au point de donner son prénom à ma deuxième fille.

Deux ans plus tard, en 1952, ce sont Myriam, Jean-Pierre et Leticia qui vont avoir la surprise de voir arriver une troisième sœur, Dominique, toute finie elle aussi et déjà âgée de deux ans. On nous l'a d'abord présentée comme la fille de Marc, notre oncle paternel, ceci pendant quelques semaines et puis on a fini par nous dire que c'était notre sœur, la fille d'Olympe, une Provençale artiste peintre qui aura été la première conquête féminine de mon père en 1932 alors que, toute jeune fille, elle venait à Paris faire une école de peinture.

Mon père terminera sa vie avec Olympe en 1997, avec donc celle de ses femmes qu'il avait la première rencontrée.

Dominique, c'est la seule de toute la famille qui ait une célébrité, celle de chef de cuisine, ancienne papesse à Paris de la nouvelle cuisine des années 1980 avant de devenir la « mère » des bistrots dans les années 2000, toujours sous le nom d'emprunt de sa propre mère, Olympe.

Trois ans plus tard nous est arrivée une quatrième sœur, Isabelle. C'était plus simple, une seconde fille de Sylvia, routine, on l'aura même connue dès sa naissance ! Elle sera l'une de mes deux sœurs emportées trop jeunes par la maladie.

Puis dix ans plus tard, Marie-Pierre, cinquième sœur, fille de Claire-Odile, une Bourbonnaise.

Mais ce n'est pas fini ! À l'extrême fin des années 1970, notre père nous a annoncé l'arrivée de la seule de ses six filles de cinq mères différentes qui ne portait pas son nom patronymique Versini. Elle était née en 1937. Elle est arrivée de Caracas avec son mari et deux petits garçons. Sa mère, encore une juive espagnole, qui n'avait jamais cessé de correspondre avec notre père, avait fini par lui avouer qu'elle n'était pas la fille du monsieur de qui elle croyait l'être.

Marie-Isabelle est donc venue quelques jours en France, nous l'avons peu rencontrée, elle est repartie satisfaite, n'a correspondu qu'avec l'une d'entre nous, Isabelle, qui parlait espagnol, et puis elle est morte tôt, emportée également par le crabe. Isabelle disparue, aucun d'entre nous ne sait aujourd'hui ce qu'est devenue notre famille vénézuélienne.

Compliquée, cette famille pour un petit garçon qui, fils unique de sa mère et seul garçon, va être entouré de filles de toutes provenances ? Pas vraiment. Le concept de *demi*-frère et de *demi*-sœur nous a toujours été à tous étranger et, à l'exception de la Vénézuélienne météore, nous sommes une famille unie de frères et de sœurs qui se voient sans doute beaucoup plus souvent que bien d'autres. Une famille dans les normes, pas de bacchanales ni d'échangisme, mais des mœurs aussi pudiques, je dirais même prudes, que bourgeoises. Ceci explique sans doute les difficultés rencontrées pour expliquer aux enfants successifs le comportement singulier de leur père.

J'ai peu rencontré Gabrielle, la mère de ma sœur aînée, Myriam. En revanche j'ai vécu par courtes intermittences à Paris dans le vaste appartement qu'occupaient Sylvia et ma sœur Leticia puis, à la toute fin, ma sœur Isabelle, ceci entre les années 1949 et 1953. Ma mère m'accompagnait à Paris, souvenir de première communion avec tous les tralalas très traditionnels, toutes les conventions ont toujours été sauves : lorsque ma mère venait avec moi vivre dans l'appartement qu'occupait Sylvia, c'était elle qui partageait avec mon père la chambre matrimoniale. Sylvia laissait naturellement la place, sans doute parce qu'elle était de huit ans la cadette de ma mère. Ce n'est qu'aujourd'hui que j'entreprends l'inventaire de tout ceci que je réfléchis à la situation : à dix ou quatorze ans, cette gestion familiale me paraissait lisse et naturelle.

Sylvia et Marcelle, ma mère, entretenaient des relations ni intimes, ni étroites, mais amicales et peut-être chaleureuses. Il me semble que Marcelle exerçait un ascendant intellectuel, mais n'est-ce pas une reconstitution ? En tout cas, les seuls feuillets d'écrits que j'ai conservés de Marcelle, ma mère, m'ont été donnés par ma sœur Leticia qui les a retrouvés dans les papiers de sa propre mère, Sylvia, qui les avait conservés quarante ans.

Les finances de mon père n'allant pas très bien, Sylvia est retournée chez sa mère à Buenos Aires, en 1954, emmenant avec elle Leticia et Isabelle, après avoir passé cinq ans à Paris. Isabelle est revenue à la veille de Mai 1968 et Leticia deux ans plus tard, pour ensuite de rares voyages. Nous nous sommes retrouvés elle et moi, après seize ans de séparation, sans nous être souvent écrit, comme si nous ne nous étions jamais quittés.

De la disparité des mères, je dirais tout de même qu'il reste peu de choses, à se demander si notre père ne m'a pas fait mes six sœurs tout seul. En effet, elles ont toutes pour singularité d'avoir les particularités de caractère qu'on prête aux femmes corses : brutales dans l'expression, dominatrices, intransigeantes. Composition, compromission, négociation sont des mots qui n'ont pour aucune d'entre elles beaucoup de sens.

Nous sommes, à l'exception de Marie-Isabelle la Vénézuélienne, tous enfants « légitimes » et ceci à une époque où la loi était sans pitié pour les enfants adultérins et les divorces interdits dans des continents entiers. Un travail à plein temps donc pour Pierre qui s'est occupé de ces dames, chacune à temps partiel, mais lui tout le temps présent. Sans doute les dames étaient-elles d'une exceptionnelle qualité humaine. En tout cas, mon père aura été privé par ses dames de faire carrière et, comme il aura bien fallu qu'il pourvoie à l'entretien de cette grande famille, il choisira des chemins de traverse, et les chemins de traverse mènent parfois dans des précipices.

L'odeur de la prison

D'abord l'odeur. L'odorat c'est évidemment le sens sérieux, celui qui ne trompe pas. Vous pouvez avoir cru voir, ne pas bien avoir entendu ou comprendre de travers, mais l'odeur est inscrite à jamais, elle est indélébile et infaillible.

J'avais seize ans, l'odeur de la maison d'arrêt de Fresnes est tellement prégnante que je ne me tromperais pas d'endroit. Déjà vieil avocat, j'y suis retourné, il y a quinze ans d'aujourd'hui : l'odeur m'a pris à la gorge comme la première fois alors que quarante-cinq années s'étaient écoulées.

L'odeur de Fresnes n'est pas celle de la Santé et moins encore celle de Fleury-Mérogis. Il ne s'agit pas d'un jugement objectif, je ne dis pas que ce soient des odeurs infectes ni même désagréables, mais ce sont des odeurs particulières. Des endroits sans *profumo di donna*.

Les parquets encaustiqués des locaux administratifs, les murs suintants des locaux menant aux cellules ou aux parloirs. À l'époque, les parloirs, quelle corvée !

Je parle des parloirs visiteurs en 1955. File d'attente, une porte, deux portes, vingt portes ouvertes puis fermées, à clé, pour arriver dans un réduit rectangulaire, à droite un couloir grillagé pour les visiteurs, à gauche le même couloir grillagé pour les détenus, lesquels entraient par la porte opposée et, au milieu, un gardien en casquette qui marche de long en large. Au moins huit par huit dans un local d'environ quarante mètres carrés. Il faut élever la voix pour se faire entendre au milieu d'une cacophonie d'idiomes différents.

Le client que, des années avant l'heure, j'allais visiter en détention était monsieur mon père. Je dirai Pierre IV pour le situer dans la succession des Pierre Versini. Tête ronde, corpulence moyenne, taille un mètre soixante-neuf et demi – celle de Jules César et de Bonaparte, disait-il, au-dessus de laquelle, selon lui, on ne pouvait qu'être un imbécile – cheveux rares et blonds, yeux gris, comportement en mouvement pour ne pas dire agité. Ni beau ni laid, je lui connais en Corse cent sosies, un Corse volubile, ce qui est moins courant. Le singulier et l'important en effet c'est la voix, le timbre, la parole, son débit, son rythme, cette forme de discours tribunicien, celui de certains hommes politiques souvent, bref, un orateur au sens premier : il captait l'attention et pouvait convaincre de n'importe quoi dès lors qu'il prenait la parole.

Il aurait pu faire avocat.

Il avait commencé par l'être vers 1935 d'ailleurs, après une thèse de droit romain qu'il avait peut-être ou pas soutenue et que je n'ai jamais retrouvée. Il était entré secrétaire – c'est ainsi qu'avant la dernière guerre on appelait les collaborateurs d'avocats – chez Berton, grand avocat commercialiste parisien, gratuitement grâce à la recommandation de son oncle César Campinchi. Je dis gratuitement parce qu'avant-guerre il était encore d'usage, quand on voulait que son fils (les filles comptant pour du beurre) accomplisse un stage dans un grand cabinet, que les parents paient ce stage. Sans doute un coût modéré, mais pas symbolique.

Carrière toute tracée donc, son père avait été avocat au barreau de Paris et son oncle l'était. Mais carrière brisée, très vite, accidentellement : Pierre IV avait parallèlement à l'avocature monté une superbe affaire de vente d'appareils de TSF à lampes, laquelle affaire avait lamentablement échoué.

Son oncle, alors ministre de la Marine de guerre, l'avait donc consigné sur un contre-torpilleur (en langue anglaise un *destroyer*) sur le départ pour la haute mer, avec deux de ses comparses, l'un fils d'un général héros de 14-18, l'autre propriétaire, comme on disait alors des rentiers. Contre-torpilleur en partance pour les Amériques, et c'est ainsi qu'en 1937 mon père et ses deux copains ont échoué à Panama City.

Ma mère était allée le voir au Chili au début de l'année 1939, juste probablement le temps de me concevoir.

Les deux copains ont fait très honnêtement fortune, l'un au Chili, l'autre en Argentine, mon père non : il s'est occupé des dames et, m'a-t-il dit beaucoup plus tard : « Dans la vie c'est incompatible, ou bien tu cherches à faire fortune ou bien tu t'intéresses aux femmes. » Il n'a donc pas fait fortune mais, tel Panurge, il a vécu de friponneries dont je ne sais quasiment rien et il a lu énormément, histoire et philosophie, quasiment pas de romans sauf les classiques et les romans de science-fiction. Je ne l'ai jamais vu une heure sans livre.

En détention, il m'avait fait lui apporter Saint-Simon *in extenso*, la *Grammaire des Grammaires ou Analyse raisonnée des meilleurs traités sur la langue française* de Girault-Duvivier, éditée en 1840. Deux tomes. Puis, pire encore, tous les volumes de l'*Histoire Romaine* de Mommsen, lourds et compliqués à transporter dans l'autobus Porte d'Orléans-Fresnes.

Que reste-t-il de ses lectures ? Un manuscrit dactylographié de trois cent soixante-douze feuillets recto verso intitulé *Le bien et le mal, ces préjugés de Dieu*, dans lequel il y a, au doigt mouillé, plus de mille citations. Je dis au doigt mouillé parce que jusqu'aujourd'hui je n'ai toujours pas eu l'envie ou le courage, vingt-deux ans après la mort de mon père, de lire ce qui est probablement l'œuvre de sa vie.

Dans le mois où il m'avait dit : « c'est fini » (je payais la dactylo), il a été emporté, en pleine forme physique et capacité intellectuelle, à quatre-vingt-huit ans, parce qu'au volant d'une Renault 4L, sur une petite route de Provence, il lisait et a percuté une autre automobile. Mort sur le coup. Le percuté n'a eu aucun dommage autre que de carrosserie. C'est bien.

Je n'ai gardé qu'un souvenir, celui d'une journée particulière passée avec mon père, seul avec lui, une journée à descendre la nationale 7 de Paris à Marseille. Nous étions en 1964, il était sorti de prison l'année précédente. Je venais d'acheter une petite berline Alfa Romeo d'occasion ; je l'ai laissé la conduire, il était gauche, comme intimidé après ses huit années de confinement. Nous avons parlé, beaucoup, j'ai tout oublié alors même que ce fut un moment unique. Nous avions traîné dans un excellent restaurant si longtemps qu'arrivés à Marseille nous avons vu le ferryboat Napoléon – ou peut-être Danielle Casanova – quitter le quai lentement. Or le bateau transportait le corps de sa mère, ma grand-mère Laetizia, morte à Paris et qui devait bien sûr être enterrée à Calcatoggio.

Cris de ma sœur Myriam déjà à bord, montée de ladite quatre à quatre jusqu'à la dunette, et voilà que l'énorme bateau s'arrête et lentement se rapproche du quai pour nous permettre mon père et moi, par une toute petite porte en acier, de rejoindre le bord. Sans doute un événement singulier.

Mais pour revenir à Fresnes en cet été 1955, qu'allait-il faire dans cette galère ? Selon lui, une odieuse erreur judiciaire ! Il aurait été accusé d'avoir fabriqué de la fausse monnaie, des coupures de billets de cinquante francs avec le portrait d'Henri IV. La cour d'assises de Paris, en 1959, ira non seulement juger que la chose est vraie, mais qu'au milieu de la bande de branquignoles, c'est lui le chef. Voilà le résultat du charisme !

Un groupe d'amateurs alors que faux-monnayeur, c'est un métier qui exige une très grande qualification. Ils se sont fait agrafer par la brigade spécialisée de la police judiciaire de la préfecture de police de Paris avant même d'avoir écoulé un seul Henri IV. Dénonciation probablement. Cette réussite policière exceptionnelle dans sa rapide efficacité a valu au commissaire divisionnaire en charge, Max Fernet, d'être nommé dans la foulée directeur de la police judiciaire, la grande, celle du 36, quai des Orfèvres.

Max Fernet, curieusement, n'avait pas été seulement condisciple de mon père au lycée Buffon, boulevard Pasteur à Paris, puis à la faculté de droit de Paris, mais un membre actif de l'Association des étudiants socialistes qui régimentait alors la faculté de droit à Paris. Mon père en était le président.

Le hasard de la vie a fait que j'ai eu l'occasion de rencontrer Max Fernet plusieurs décennies après l'affaire. Il m'a raconté que, sorti de prison, mon père était allé le voir dans ses bureaux du Quai des Orfèvres, vers 1963 pour lui dire :

– *Tu sais, je peux te le confirmer maintenant que tout est consommé : j'étais complètement innocent !*

Ça faisait rire Max Fernet, mais peut-être pas tant que cela puisque ni la police, ni le juge d'instruction, ni la cour d'assises n'avaient pu établir où la machine avait roulé, c'est-à-dire où l'imprimerie avait été mise en mouvement pour sortir de beaux billets faux. Ils ont fini par juger que cela aurait été fait dans ma maison natale d'Ambleny. Mais il y aurait eu un problème d'impuissance électrique sur lequel l'appareil judiciaire et policier ne s'est pas appesanti.

Quelques années avant sa mort, quarante ans après les odieuses accusations dirigées contre « l'innocent », l'innocent m'a dit qu'en fait la machine avait tourné une demi-nuit et que cela s'était passé à l'imprimerie de l'ambassade des États-Unis avenue Gabriel à Paris, imprimerie située dans les sous-sols de cette ambassade ; et qu'aux commandes se trouvait un grand professionnel, employé imprimeur à cette ambassade, mort en détention avant d'avoir été jugé et qui n'a jamais rien avoué. Un Italien de grande qualité, m'a dit mon père.

Affabulation ? Peut-être. Peut-être pas.

Quant à l'artiste, c'est-à-dire le graveur de la plaque d'imprimerie, soldat inconnu.

La prison c'est long.

Certes l'affaiblissement de la société française a évité à mon père le pire. La loi du 23 mai 1793, la Convention étant alors au pouvoir en France, édicte, tel qu'imprimé sur les assignats de cinquante sols, d'un côté : « La loi punit de mort le contrefacteur », de l'autre : « La Nation récompense le dénonciateur. »

Depuis Philippe IV le Bel, le plus célèbre des faux-monnayeurs, l'État ne plaisante pas avec ceux qui portent atteinte à son monopole de frapper monnaie et la bande de pieds nickelés, qui n'avait pas écoulé un billet, faute de temps probablement, a été sévèrement condamnée. Pour mon père, jugé être le chef en dépit de ses protestations d'innocence : vingt ans de réclusion criminelle.

Anecdote : il avait choisi pour avocat un Corse jeune mais excellent, et un des deux ténors de l'époque, Maurice Garçon, dans l'ignorance assurément de l'absence de considération de cet avocat pour son oncle César Campinchi. Peut-être aurait-il dû choisir l'autre ténor, René Floriot qui, lui, avait été avant-guerre le principal collaborateur de César. Réticence d'amour propre sans doute. De vous à moi, cela n'aurait évidemment rien changé à la condamnation.

La ronde étant ce qu'elle est, le hasard a voulu qu'aujourd'hui j'occupe le bureau même de Floriot dans le cabinet où, avant sa mort et pendant des années, il avait aussi son appartement. Bref, on voit en tout cas que faux-monnayeur, n'en déplaise à Gide, est un très mauvais choix de métier, compliqué, plein d'aléas (le papier, la machine, le dessinateur, les revendeurs et que sais-je encore ?) et brutalement réprimé par l'État.

La prison, c'est long.

Surtout pour les visiteurs et la parentèle qui attend la sortie. Mon père, lui, en est sorti comme il y était entré, quelques cheveux en moins. C'est peut-être la force des intellectuels au sens technique du terme, ils ont une capacité d'adaptation forte et trouvent toujours le moyen de tirer profit des contraintes qu'ils subissent dès lors qu'ils ne sont pas privés de livres.

L'administration pénitentiaire, pleine de sollicitude à son égard, est allée jusqu'à lui offrir un petit local bibliothèque que ses visiteurs devaient approvisionner, mais cette fois à la centrale de Melun, autrement dit le centre de détention pénitentiaire de Melun, qui est situé dans un lieu presque bucolique au centre de la ville, sur une île, au milieu de la Seine. À l'époque, il me semble que c'était un établissement presque familial. Le parloir visiteurs, c'était une vaste pièce avec des chaises et une table pour pouvoir se parler face à face, peu de visiteurs, peu de détenus en même temps, un gardien débonnaire et solitaire. On pouvait se parler à voix basse.

Melun, c'étaient les longues peines, mais pas les voyous. Mon père y était quasiment le seul Corse. Le seul détenu dont je me souvienne était un garçon maigre et séduisant qui avait tout à fait l'air de ce qu'il était : un officier de cavalerie. Il avait été condamné à perpétuité parce que sa maîtresse, quand il a voulu s'en séparer, avait noyé son enfant (dont il n'était pas le père), noyé un enfant de deux ou trois ans dans une petite cuvette, une affaire horrifique même si le meurtre de son enfant par une mère est selon moi une forme de suicide.

Celle-ci avait accusé son amant de l'avoir conduite, poussée, forcée à cet assassinat et les jurés, s'ils ont condamné la mère, ont plus sévèrement encore condamné l'amant, sur l'unique parole de la mère bien entendu. La société n'accepte pas, ne veut pas admettre l'infanticide maternel.

Anecdote, la ronde, toujours la ronde, cet officier condamné avait été défendu par un très jeune avocat qui a fait à Paris une grande carrière et qui avait la singularité d'avoir été élu par ses pairs premier secrétaire au concours d'éloquence de la Conférence du stage du barreau de Paris, alors qu'il avait le plus extravagant accent catalan que j'aie jamais entendu. Il devait, en sa qualité de premier secrétaire, comme le veut un usage bicentenaire, faire l'éloge d'un « grand ancien » à l'occasion de la rentrée annuelle de la cour de Paris et il avait cette année-là, le 24 novembre 1956 et c'est l'anecdote de la ronde, fait l'éloge de César Campinchi.

François Sarda, mon père aurait dû le choisir pour avocat plutôt que Maurice Garçon !

La prison c'est long.

Huit ans de visites, une ou deux fois par mois, ma sœur et moi et Claire-Odile qui deviendra la mère de Marie-Pierre, la dernière de mes sœurs. Ma mère était morte le 24 avril 1956 et les autres dames habitaient loin.

De quoi parlions-nous ?

Je n'arrive pas à m'en souvenir. Moi, de rien. Lui parlait tout le temps, d'histoire, de géographie, de politique, il fallait impérativement que je lise *La Chute de l'Empire romain* de Gibbon, Nietzsche, Paul Valéry, Keyserling. J'ai lu certains livres, mais beaucoup plus tard. Sur la fin, j'avais emmené en visite un copain de lycée qui est resté jusqu'aujourd'hui l'ami. Le directeur de la prison de Melun avait donné son accord. Mon père, pourtant vite éruptif dans la vie libre, se tenait tranquille en prison, et puis il aidait le ministère de la Justice qui lui avait confié le soin de corriger les fautes d'orthographe et les fautes de syntaxe des règlements d'administration publique qu'il édictait. Évidemment pas tous, mais il aura été tout de même un correcteur fiable et gratuit.

Huit ans dans la vie d'un homme, est-ce long ?

Un entracte pour lui qui, jusqu'à sa mort, n'a jamais fait allusion à sa détention, comme si elle n'avait jamais existé. C'eût pu être un réflexe vital. Nombreux sont les hommes qui demeurent complètement taiseux après une guerre subie ou une longue détention. Rien de tel pour mon père, un entracte, une vacance, je n'ai jamais su comment se vivait le quotidien, je n'ai jamais demandé non plus. La seule réflexion qu'il m'ait faite a été d'ordre linguistique : « La langue est morte, les gens de niveau d'instruction ou de milieux sociaux différents ne se comprennent plus. » Il parlait de Français puisqu'à l'époque il y avait moins de détenus d'origine étrangère qu'aujourd'hui.

Dans un milieu fermé où toutes les classes de la société française se trouvaient confinées et confondues, les « embrouilles » se déclenchaient parce que l'un avait commis un contre-entendement de ce que l'autre voulait exprimer, et mon père de partir sur la dégénérescence de la langue alors que, sous Louis XIV, le roi comprenait son cocher bien que ce dernier soit illettré, etc.

Huit ans, pour moi des souvenirs fugitifs de trains de banlieue, de marches sous la pluie, de bruits de clés, de portes qui se ferment. Le souvenir de beaucoup de perte de temps, parce qu'à quinze ou vingt ans le temps court et toute contrainte paraît durer l'éternité.

Huit ans sur vingt ans c'est à peu près la norme et aujourd'hui ce doit même être moins, les prisons sont pleines et il y a d'autres priorités que les faux-monnayeurs ratés.

Comment s'identifie l'adolescent qui découvre un matin la photo de son père, de face et de profil, dans le quotidien le plus lu du pays, *France Soir*, un jour de juillet 1955 ? Je lis l'article que j'ai retrouvé :

> Si R… a fait ses confidences de bonne grâce, il n'en a pas été de même de Pierre Versini. « Joli garçon », cet ancien Avocat à la Cour est cultivé et brillant, mais Pierre Versini est retors et le Commissaire Divisionnaire Fernet a dû parler une heure avec lui politique et littérature pour qu'il admette certains faits. Il a été marié six fois, à Paris, à Buenos Aires, à Montevideo, à Caracas, à Bogota et enfin il se remarie avec sa première femme [ma mère] fille d'un conseiller à la Cour de cassation. L'interrogatoire de Pierre Versini a été fait sur le ton mondain. Il s'est excusé auprès du Commissaire Adjoint Barre et de sa secrétaire – « Je suis vraiment désolé de vous faire veiller si tard ».

Les journalistes des faits divers de l'époque, quel style ! et surtout quel accès aux policiers ! Cela m'amuse aujourd'hui, j'irais même jusqu'à dire que cela m'attendrit, mais en juillet 1955 ? Ai-je eu la force de lire l'article ? Probablement pas, faute de l'éducation qui convenait.

Si j'avais été élevé dans une famille de hors-la-loi, comme certaines familles gitanes et corses par exemple, j'aurais pris la chose, même sur le moment, pour un accident du travail. Mais j'habitais chez mon grand-père maternel, conseiller à la Cour de cassation, qui ne pouvait pas imaginer devoir un jour avoir pour gendre et père de son petit-fils unique un fabricant de fausse monnaie. Alors, insurgé ? Il est innocent ! Ou effondré ? Je suis moi-même coupable d'être son fils ! Ni l'un ni l'autre. J'ai tout de suite compris qu'il était coupable en dépit des protestations qu'exprimait ma mère pour moi. Et je ne suis pas tombé en déprime. Pour ma grand-mère paternelle Laetizia, ses sœurs et le village, la chose était simple : « Il est arrivé un malheur. » La réaction immémoriale de la Corse. On ne porte pas de jugement, l'événement s'est produit. On peut aller jusqu'à considérer que c'est un événement malheureux, mais on ne va surtout pas au-delà. Fatum. C'est le destin.

Pour ma famille grand-maternelle et magistrate, cela a dû être du niveau du cataclysme, mais pas un souffle d'air devant le jeune garçon. Mon grand-père m'a envoyé dès la fin juillet chez les Edgard-Rosa, des compatriotes de la Martinique, une famille d'industriels de la pharmacie qui ont une magnifique ferme dans la Nièvre et, aux mois d'août et septembre 1955, je suis parti pour une autre ferme au milieu du Worcestershire. J'avais à faire des maths, tout seul, et à essayer de m'exprimer en anglais. Le temps de s'habituer et de mettre en ordre de marche les réflexes de défense qui convenaient :

A. Un père faux-monnayeur (on n'est pas obligé de se rappeler que ça a complètement raté), c'est une originalité et donc une distinction.

B. Un père faux-monnayeur, c'est moins difficile à vivre qu'un père milicien.

Ce fortin simple en deux propositions a fonctionné. Je n'ai jamais eu de pudeur ni donc de faiblesse psychologique. Je fais pourtant un cauchemar récurrent qui pourrait être le signe d'un traumatisme de l'adolescence, sinon de l'enfance. Je ne fais de manière régulière et depuis des lustres que celui-là : on m'explique que licence en droit, c'est bien, Science Po, c'est excellent, que je suis certes avocat depuis longtemps, mais qu'il faudrait que je passe le bac !

Dans l'état de veille, le bac, je l'ai eu sur le tard, 18 et 19 ans, en copiant le latin sur mon voisin et en lui refilant le peu d'anglais que je savais. Mais il est clair que je ne me suis pas bien remis de n'être entré au lycée qu'à 17 ans, après avoir quitté l'école de mon village picard à 8, et d'avoir ainsi couru le risque de ne pas pouvoir passer le baccalauréat, ce qui dans mes familles, en ce temps-là, équivalait à être frappé par le choléra !

Un cauchemar de père en prison pour avoir commis un crime au sens de la loi pénale ? Jusqu'ici jamais. Mais « identitairement », aurais-je été le même homme si le « malheur », comme l'appelait ma grand-mère Laetizia, n'était pas survenu ? Je me pose la question aujourd'hui seulement, à l'instant où j'écris. C'est dire déjà que je n'ai pas une conviction bien arrêtée. Je me suis posé la question de savoir si j'allais même écrire sur le sujet. On écrit en fait sur le dixième de ce qui compte dans une vie, alors inclure dans ce dixième les patachonneries paternelles, était-ce utile ? Probablement, car tous ceux, et ils sont nombreux, qui connaissent cette épopée-là auraient mal compris que je la cache.

Si j'allais un peu plus loin et un peu plus sérieusement dans l'introspection, je dirais que cela aurait pu me conduire à me marginaliser et à me dissuader de vouloir me considérer comme un avocat normal de la bourgeoisie parisienne. Un rêve ! Avoir été un bourgeois parisien reconnu comme tel, avec ce que cela comporte de conformisme et donc de confort, de certitudes, de conventions, de reconnaissance de ses pairs, *asinus asinum fricat*, de décorations, d'appartenance enfin à un ensemble cohérent d'hommes et de femmes qui pensent et vivent de la manière qu'il faut au sens bourgeois du terme. Aurais-je été freiné dans cette quête pour avoir été le fils d'un condamné à la réclusion criminelle ? Que nenni ! l'affaire paternelle compte peu. Dès la naissance le caractère est fait. Comme beaucoup de ceux qui font avocat – je ne dis pas : qui choisissent de l'être – je suis construit contestataire, transgressif, réfractaire, aussi cela a été facile à vivre puisque l'avocat, dans ma conception étroite du métier, c'est être celui qui s'élève contre. Contre dans tous les domaines judiciaires et pas seulement en cours d'assises. Nous avons certes accueilli les conseils juridiques, ils sont aujourd'hui plus nombreux que les plaideurs. J'ai de la sympathie toujours, parfois de l'amitié et de la considération pour beaucoup, mais je ne fais pas leur métier.

Mon père, anarchiste de droite, vilipendant la « gôche » sous tous ses avatars, mais ne supportant pas la fréquentation des gens de droite, est pour beaucoup dans ce qu'est son fils et, comme le veut la nature, je me surprends maintenant à le voir dans ma glace et, pire, à relever que mon comportement en société ressemble de plus en plus souvent au sien. Mais l'épisode de Fresnes et de Melun, c'est un épisode de ma vie comme d'autres.

Mon père sortit de prison en 1963. Ma mère morte, Sylvia en Argentine, il a été recueilli par la première femme de sa vie, celle qu'il avait rencontrée en 1930 alors qu'elle venait faire des études aux Beaux-Arts, Olympe, artiste-peintre qui tenait depuis la fin de la guerre une auberge de campagne ravissante au bord d'une vraie source qui sourd et avec des platanes comme tonnelles. Cette auberge est dans un village du Var éloigné du bord de la mer, mais la place du village ressemble à une carte postale de Provence et mon père est devenu aubergiste. Les clients qui l'ont connu assurément se souviennent de lui, il leur citait Suétone ou saint Thomas d'Aquin à peine sorti de faire la cuisine

– il avait toujours fait la cuisine mieux que ses femmes – et il écrivait aux journalistes qui selon lui écrivaient des stupidités dans leurs journaux au moins une lettre quotidienne sur les sujets sociétaux, religieux ou politiques qui ont toujours été ses centres d'intérêt. Cela durera tout de même trente-cinq ans, une vie après la vie. La première aura duré à peine deux décennies et demie, entre 1930 et 1955. Sur la fin il s'est mis à écrire son grand-œuvre, que peut-être jamais je ne lirai.

Ces trente-cinq dernières années, il les aura donc passées avec Olympe, la première dame qu'il avait rencontrée à vingt ans. J'ai beaucoup apprécié cette femme qu'on appelait Toune, au physique une Provençale petite ronde et brune. Elle était aux antipodes de toutes les autres femmes de mon père. Pas intellectuelle au sens littéraire et classique du terme, elle ne lisait pratiquement pas, alors que mon père tout le temps, même en gâtant ses sauces. Elle parlait peu, n'était pas du tout expansive, le contraire de ce que l'on imagine de la Provençale. Il est vrai que sa mère était d'origine piémontaise, ces montagnards-là sont gens taciturnes et réservés. En pensant à elle me vient toujours le qualificatif « tellurique ». C'était une artiste qui peignait comme ses ancêtres montaient les pierres des restanques, ni bohème ni excentrique, excellent peintre, élève d'Othon Friesz. Elle n'aura vendu que peu de toiles, mais elle a peint toute sa vie qui fut longue, très longue et, à la réflexion, paisible.

Mon père l'avait conquise en 1930, puis quittée, puis reconquise un moment en 1952 – c'est pourquoi nous avons Dominique (Olympe) pour sœur – pour la retrouver, cette fois pour toujours, onze ans plus tard en 1963. Entre-temps, Toune avait eu une vie, elle s'était mariée pendant la guerre à un hôtelier toulonnais d'origine piémontaise dont elle devait divorcer assez vite. De ce monsieur, elle avait eu en 1943 une fille qui s'appelle Jeanne.

Lorsque ma mère est morte en 1956, Jeanne avait treize ans et en paraissait dix-sept, moi c'était exactement l'inverse.

Toune m'a invité pour les vacances de Pâques, je suis tombé amoureux de Jeanne, on s'est fait force bisous dans les bois aux alentours de l'auberge que mère et fille habitaient. Un point c'est tout.

Mais quatre ans plus tard, Carole, notre première fille, est née – Jeanne avait dix-huit ans depuis huit jours et moi vingt-et-un depuis quatre mois. La deuxième, Sylvia, naîtra treize mois plus tard, Éléonore, la troisième, cela nous prendra un peu plus de temps, celui que je devienne avocat stagiaire.

Jeanne et moi serons mariés à Méounes, village natal de sa mère, la fête se déroulera comme dans les films de Fellini, sous les platanes, dans l'auberge au bord de la source, avec mon grand-père Robert pour hôte d'honneur.

Il avait écrit, ce grand-père, à Olympe la mère de Jeanne une lettre, le 22 août 1960, quelques jours avant notre mariage, une lettre qui eût pu être datée des années 1860 sous l'empire de Napoléon le troisième :

Mes filles Rolande et Louisette nous ont mis au courant des projets de mariage précipités que Jean-Pierre ne nous avait pas révélés. Nous sommes atterrés !

Non point que le choix de notre fils soit pour nous déplaire : Jeanne est une enfant gracieuse, belle et franche ; mais c'est une enfant, ignorant tout de la vie, que vous lui avez faite agréable et douce, comme Jean-Pierre est un enfant.

Quelles épreuves ils vont aborder ! Nous estimons toutefois que notre fils doit se comporter en honnête homme et ne peut se dérober à son devoir.

Carole nous est arrivée sept mois plus tard.

Nous resterons, Jeanne et moi, mariés onze ans, mais combien sont nombreux ceux qui cherchent encore à comprendre comment notre sœur Dominique peut avoir trois nièces des deux côtés de sa parentèle ! Elle est en effet ma demi-sœur et la demi-sœur de Jeanne. Rien de plus simple pourtant. Rien d'un déterminisme familial dans tout cela, c'était sans doute parce que c'était elle et parce que c'était moi. D'ailleurs, Julie, la seconde femme – une du Quercy – qui acceptera de m'épouser et de me faire les deux derniers de mes cinq enfants, sera, pour sa part, tombée du camion !

Dans la quinzaine de ma séparation d'avec Jeanne, un soir, au mariage d'un ami. Je ne l'ai jamais vue auparavant, cette jeune fille qui ne danse pas, qui reste assise toute la soirée dans la même position et à laquelle je n'adresse pas un mot. Regards furtivement échangés, en aparté. Un point c'est tout. Mais voilà qu'un grand escogriffe, ami du mari, agrégatif dont la jeune inconnue corrige la thèse de ses fautes d'orthographe, se lève pour faire une grande déclaration : « Je demande la main de cette demoiselle et ce sera le prochain mariage. » Ceci à la cantonade, sans avoir avisé ladite qui forcément devient écarlate.

Le lendemain, dès potron-minet, fleurs et télégramme – le mari m'a donné en douce ses nom et adresse : « Voyons-nous avant que d'épouser l'escogriffe. » Quarante-huit heures de silence, de décence, puis elle accepte de me rencontrer et, le lendemain de notre premier rendez-vous, elle me rejoint dans la petite chambre que l'un des deux copains avec lequel je venais de m'associer devait occuper dans nos bureaux communs d'avocats.

Elle ne voulait pas du tout continuer à vivre dans le joli hôtel particulier de sa grand-mère à Neuilly et errait donc depuis quelques semaines d'amie en amie, sa valise à la main.

Mon associé Michel-Pierre Simond est donc monté s'installer comme il pouvait dans notre chambre de bonne et Julie est restée. Un copain de lycée, des années plus tard, a dit un jour avec un aplomb définitif : « Julie n'exprime pas son avis, n'entre pas dans une dispute, n'exige pas, ne commande rien, tolère, mais règne. » Je songe qu'il n'avait peut-être pas tort, aujourd'hui que nous approchons petit à petit de nos noces d'or. L'explication tient peut-être au fait que pour moi le meilleur régime politique possible est celui de la monarchie constitutionnelle, puisqu'il règle le problème de la légitimité du pouvoir. Puisqu'en France les Bourbons et les Orléans n'arrivent pas à se mettre d'accord, alors vive la Reine !

Au fait, entre 1960 et 1970, les mœurs du monde occidental se sont retournées comme le ferait un iceberg : la pilule évidemment, qui a déconnecté la sexualité de la procréation, l'invention la plus bouleversifiante depuis celle du feu il y a un million d'années.

Ainsi, nous sommes allés nous marier, Julie et moi, à pied avec juste nos deux témoins, et le père de Julie ne nous a accompagnés que parce qu'au coin de la rue, par hasard, nous l'avions croisé.

Il me faut revenir une dernière fois à mon père. Je l'aurai rencontré, ce père, dans un virage, entre Ambleny et Ressons-le-Long. J'avais dix ans et j'étais à bicyclette avec Jacques Pelat sur le côté gauche de la route, précisément à sa rencontre, car nous l'attendions, de retour d'Argentine avec son frère Marc qui était allé le chercher au port de Gênes. Je ne savais pas alors qu'il était descendu du paquebot, le magnifique Andréa Doria, et qu'il était arrivé à Gênes avec Sylvia, ma sœur Leticia et cinquante valises parmi lesquelles il y avait le plus grand nombre de jouets que j'aie jamais vus depuis lors. Pour ma part, je ne savais rien de l'existence de Sylvia ni de Leticia, mais ma mère, qui suivait ce voyage de Gênes à Ambleny de télégramme en télégramme, m'avait dit qu'il devait arriver cet après-midi-là, tel le roi couronné, par la route Reims-Soissons-Compiègne.

Ainsi donc, dans le virage à quelques centaines de mètres de ma maison, une voiture arrive, coup de frein, un monsieur en surgit tout excité et dit : « Qu'est-ce que vous faites sur la gauche, petits imprudents ? » avant même de m'embrasser, sans se présenter, mais peu importe, il savait que j'étais son fils et moi je savais qu'il était mon père.

Repose en paix, mon père, que j'ai fini par « tuer », façon Freud, vers l'âge de cinquante ans peut-être. C'est curieusement, comme je l'ai déjà dit, à ce moment-là d'ailleurs que j'aurai cessé de vivre avec mon double.

MARCELLE, MA MÈRE

La plupart des humains ont avec leur mère des relations semblables. À supposer qu'elle ne soit pas morte en couches, ils découvrent la vie avec elle. Enfin, je cause du monde bourgeois occidental d'aujourd'hui, pas du monde ancien où les aristocrates étaient élevés par des nourrices et des gouvernantes, et les ouvriers et les paysans par leurs grands-parents.

Les humains se détachent de leur mère petit à petit. Quand il s'agit de garçons, ils n'ont même pas besoin de la « tuer » pour faire plaisir à Freud, et puis elle meurt quand ils sont adultes.

Moi, j'ai eu une mère-intermède. Elle m'a quitté avant que je puisse en conserver le souvenir, j'avais quinze mois, et elle m'a retrouvé alors que j'avais huit ans, un jour de décembre 1947, le 2 décembre, curieux que j'aie conservé jusqu'ici le souvenir de cette date napoléonienne. Et puis elle est morte dans la nuit du 24 avril 1956, j'allais avoir seize ans et demi. Consciemment, en termes de souvenirs, j'ai eu une mère pendant huit ans. Écrit comme cela, ça fait un peu misérabiliste, littérature XIXe siècle, alors que ce n'est en rien triste. J'aurai eu deux et même quatre mères, Marcelle Attuly qui m'a mis au monde et, de quinze mois à huit ans, ma maman Vivi, Victoire Attuly, deuxième épouse de mon grand-père maternel, Robert. C'était une Chinoise de la Martinique dont le père, Louis Yang-Ting, était un commerçant, pur Chinois, arrivé avec son père, médecin chinois, de Canton, province Sud de la Chine.

Les békés, propriétaires des champs de canne à sucre et des plantations de bananiers, ont bien été obligés d'importer une main-d'œuvre rémunérée, faiblement, mais rémunérée tout de même, le jour où leurs anciens esclaves noirs ont déposé coupe-coupe et bêche et se sont mis à ne travailler que quand ils le voulaient bien. Tout cela à cause de l'abolition de l'esclavage en avril 1848, qui a fait entrer Victor Schœlcher au Panthéon à côté de son contemporain et ami Victor Hugo. C'est pourquoi le gouvernement a fait venir des travailleurs émigrés, beaucoup du sud de l'Inde, un peu de Chine. Les Chinois ont aussitôt entrepris de faire du commerce et Louis Yang-Ting, arrivé à la Martinique à l'âge de quatre ans, aura pu nourrir et élever pas loin de trente enfants, tous légitimes. Six d'entre eux sont morts à Saint-Pierre le jour de l'éruption de la montagne Pelée en 1902. Deux de ses enfants, dès avant 1914, avaient réussi à poursuivre des études supérieures en France, l'un était docteur en pharmacie, l'autre agrégé d'anglais. On a raison de s'inquiéter du sort que la Chine réserve au reste des humains !

Les Yang-Ting sont une grande et nombreuse famille de la Martinique et ce sont les derniers avec lesquels je conserve un lien d'alliance. De la famille de mon grand-père Robert Attuly et donc de ma mère, Marcelle, il ne reste que ceux qui vivent en métropole.

Ainsi donc, ma maman Vivi a été de quinze mois à huit ans la personne que j'ai la plus chérie. Elle n'était que douceur, tendresse et consolation, et je me revois petit, tout nu, sous la moiteur caniculaire de Dakar, me glisser le matin dans son lit pour un *ti chauffé*. Elle est sûrement la responsable de mon aversion à sortir de mon lit le matin. Elle-même ne sortait pas du sien avant onze heures.

J'avais, toujours jusqu'à huit ans, une troisième mère, Agnès, la sœur de mon grand-père Robert, que tout le monde appelait du diminutif Finotte. Elle était un peu plus jeune que lui, l'âge de ma maman Vivi, environ cinquante ans dans les années quarante. Elle était aussi noire que ma maman Vivi était blanche, noire même plus que son frère, opulente, dans les rues de Fort-de-France vous rencontrez des dizaines de dames de ce type. Elle avait un métier, elle était professeur de piano, de piano classique dans un temps où les familles de la bourgeoisie faisaient donner des leçons de piano aux enfants. Piano classique, mais dans les années trente elle avait acquis une petite notoriété pour avoir été la pianiste d'un orchestre de danse très connu à l'époque, plus précisément de biguine, celui d'Alexandre Stellio. Le miracle de l'informatique fait qu'après une courte recherche sur le web, en tapant « Attuly », j'ai trouvé un morceau de biguine, joué par Finotte vers 1932 et qui s'intitule *Finotte* ! Jamais je ne l'avais entendu et j'ignorais jusqu'ici que des disques avaient été gravés.

Elle ne s'était jamais mariée Agnès, victime du seul acte de racisme caractérisé dont ma famille maternelle ait conservé le souvenir, un acte aujourd'hui inconcevable, un acte perpétré par sa propre mère, mon arrière-grand-mère, Marcelline. Celle-ci était une femme de grand caractère qui avait élevé sa fille Agnès et quatre garçons qu'elle a envoyés aux universités en métropole alors que son mari était mort et qu'elle a dû diriger, seule source de ses revenus, le petit journal local que le défunt avait créé. Cette femme admirable, qui à la fin de sa vie ne lisait et relisait qu'un seul livre, les *Fables* de la Fontaine, et qui était agnostique, a crucifié sa fille Agnès en lui interdisant d'épouser un garçon qui s'appelait Rhodes (je ne suis pas sûr de l'orthographe).

Ce monsieur Rhodes était un des plus brillants descendants de la traite négrière aux Antilles françaises, il était centralien ou polytechnicien devenu ingénieur du génie civil. On m'a dit qu'il avait été l'un des concepteurs de l'aérodrome du Bourget. Mais il était noir, je veux dire plus que mon arrière-grand-mère et sa fille Agnès, de la couleur de notre Lilian Thuram probablement, et cette femme, très intelligente, plus cultivée que beaucoup de ses contemporaines, lui a refusé la main d'Agnès parce qu'il allait la faire « retomber dans la noirceur »... Le poids de l'aliénation de l'esclavage !

« Retomber dans la noirceur », c'est le mot qu'utilisait son frère, mon grand-père, quand, après la mort d'Agnès, il a raconté cette histoire familiale du malheur. Il faut se rappeler que plus structurée par la couleur de la peau que la société des Antilles – mais aussi du Brésil et de Cuba – il ne doit pas y avoir au monde. On distingue le blanc, le noir, le mulâtre qui est le produit du blanc et du noir, le métis qui est le produit du mulâtre et du blanc, le quarteron qui est le produit du métis et du blanc, et on continue jusqu'à la dose de négritude homéopathique.

Ceci apparaît encore aujourd'hui où les réseaux sociaux utilisent des mots anglais, par euphémisme sans doute. On distingue ainsi les *darkskin* des *brownskin* et des *lightskin*. L'aliénation s'est aggravée parmi les Antillais. J'essaierai de dire plus loin pourquoi.

La plupart des Martiniquais descendant des esclaves sont des mulâtres, des métis et des quarterons qui se sont mariés entre eux. Je dis la plupart, mais Rhodes était de ceux qui – en tout cas aux yeux de mon arrière-grand-mère – sortaient direct de l'immense forêt équatoriale du golfe de Guinée.

Rhodes ne s'est lui non plus jamais marié de sa vie.

Agnès était ma marraine, la seule de sa famille à aller à la messe à l'époque. Elle s'était sans doute consolée de son mariage interdit dans la religion catholique. Elle était terrorisée par l'idée de la mort, or personne n'est mort plus paisiblement qu'elle, en 1951, dans son sommeil, sourire sur les lèvres, jeune encore, la petite soixantaine.

Revenons à moi.

Agnès-Finotte, les corvées c'était pour elle : réveiller bébé, laver bébé, habiller bébé, nourrir bébé, amuser bébé. Mais il lui était interdit de taper et même de gronder bébé : mon grand-père ne supportait pas qu'on puisse attenter à la liberté d'expression et de mouvement de l'unique petit-fils qu'il aura connu. Aussi l'autorité qui m'aura conduit à ne pas devenir tôt un petit délinquant et un malpoli n'émanera-t-elle que de ma quatrième mère, ma tante Louise, dite évidemment Louisette, qui a dix-sept ans quand j'arrive sous son autorité à Dakar. Elle est la dernière des trois filles de mon grand-père, celle qu'il a eue avec maman Vivi. Je la conserverai plus de soixante-dix ans, cette tante-maman Louisette qui m'a abandonné en 1943 pour aller apprendre l'anglais à l'université d'Alger. Mais elle redeviendra ma mère à la mort de Marcelle.

Il faut bien que j'y arrive à Marcelle, dont ce chapitre porte le nom. Jusqu'à huit ans, je sais tout à fait qu'elle existe et qu'elle habite loin, mais je ne l'attends pas puisque je n'ai conservé aucun souvenir d'elle, qu'elle m'a quitté, et que j'ai trois mamans. Je ne sais même pas à quoi elle ressemble puisque les photos, à cette époque-là, ne se font que chez un photographe à l'occasion des grands événements de la vie et que la guerre mondiale n'est pas très propice à l'envoi de photographies familiales.

Elle est en Argentine avec mon père Pierre, voilà une abstraction qui à l'époque glisse sur moi comme l'eau. Qu'allait-elle faire en Argentine ? Retrouver l'homme de sa vie, mon père. Un amour pareil, je ne l'ai jamais rencontré, c'est un amour de roman.

Elle rencontre Pierre Versini alors qu'elle est sagement étudiante à la Sorbonne où elle fait une licence de grammaire et de lettres classiques. On est alors en 1933, elle a vingt-et-un ans, elle le rencontre sur le boulevard Saint-Michel ou rue Soufflot ou encore rue Monsieur-le-Prince où elle loge dans un foyer de jeunes filles, il la voit, il tombe raide. Il est vrai que dans la rue de l'époque, elle est éminemment visible, couleur de peau, elle ressemble à une chanteuse américaine : Lena Horn.

Ma mère est sûrement jolie, mais pour moi, à huit ans, ce fut en un instant la plus belle femme de l'univers ! J'y arrive.

D'abord nous quittons précipitamment Ambleny comme tous les réfugiés du nord de la France dès la fin mai de l'année 1940, c'est l'exode, pour atterrir à Marcq-la-Tour en pleine Corrèze comme plusieurs centaines de milliers de Français du nord de la Seine. Et puis je ne sais pas comment, mais nous arrivons à Dakar, où mon grand-père Robert est, après le gouverneur général de l'Afrique-Occidentale Française, le deuxième personnage civil de cet ensemble colonial. Il est le procureur général, en ces temps-là le chef de la juridiction, maison, voiture, chauffeur, domesticité de fonction. Nous arrivons à Dakar probablement pour l'anniversaire de mes un an, quand la tentative de De Gaulle de prendre possession de Dakar au nom de la France Libre a échoué. Là, nous sommes en sécurité et nous pouvons, Marcelle et moi, passer la guerre.

Mais elle ne peut pas physiquement, sentimentalement, affectivement survivre si elle ne rejoint pas Pierre en Argentine.

Pourquoi diantre mon père est-il, au cœur de la guerre, en Argentine ? Son oncle, ministre de la Marine de guerre, César Campinchi, l'avait expédié aux Amériques en 1937. Il s'y était établi dans des conditions dont j'ignore tout. La drôle de guerre ne l'a pas incité à un retour précipité. La vraie guerre a duré un mois et demi, trop tard. Il était donc resté à Buenos Aires.

À Buenos Aires, tous les « planqués » français, et ils étaient nombreux, étaient gaullistes bien entendu. Aussi mon père, l'esprit de contradiction soudé au cerveau, était-il pétainiste, farouchement antiallemand, mais antigaulliste. L'esprit de transgression était plus fort que l'aberration qui consistait à soutenir le vieux maréchal antisémite alors que, déjà à l'époque, il était le père de trois filles juives par leurs trois mères respectives. Son frère Marc aura sauvé l'honneur familial. Artilleur sans obus du calibre de ses canons sur le front de Sedan, il a quitté l'un des derniers la ligne de feu et, rattrapé par un groupe de corps-francs, il a battu campagne avec eux jusqu'à la mi-juillet 1940. Il a fini par être fait prisonnier, probablement un des derniers, et puis en février 1941 il aura réussi à s'enfuir d'Allemagne, à entrer dans la clandestinité pendant quatre ans, protégé par des Corses du milieu parisien, mais des Corses du bon côté du milieu : il a été abondamment décoré pour faits de résistance. Bravo mon oncle.

Je reviens au petit garçon et à sa maman qui sont tranquilles à Dakar à la fin de l'année 1940, mais que sa maman ne pense qu'à emmener à Buenos Aires…

Robert va convaincre sa fille Marcelle qu'elle ne peut pas emmener un petit garçon d'un an qui a besoin de lait, alors que le bateau qui va la conduire à Lisbonne, puis le bateau qui va la conduire à Bahia, puis celui qui va la conduire à Montevideo, puis enfin celui qui va la débarquer à Buenos Aires n'auront probablement pas suffisamment de lait, ceci sans compter les U-boats.

Elle confiera ainsi son petit garçon, qui à l'époque s'en contrefout, à ses trois mamans de substitution et puis elle prendra le bateau, sans doute au printemps de l'année 1941, l'année où le monde entier sauf De Gaulle et Churchill pense que les Allemands ont gagné la guerre et que la guerre va donc s'arrêter vite. Hitler a en effet abandonné l'idée d'aller prendre le thé à Buckingham Palace et il n'a pas encore fait savoir qu'il allait, tel l'Empereur, commettre la bêtise de se croire plus fort que l'immense Russie.

La guerre durera cinq ans. À cela s'ajoute certainement une mauvaise passe dans les affaires commerciales, financières, argentines et incertaines de mon père, et Marcelle ne pourra disposer des moyens de faire son voyage de retour qu'en décembre 1947.

Le 2 décembre, dans la nuit, à l'aérogare des Invalides, j'attends ma mère en pensant surtout à jouer parce que l'attente est très longue, elle a pris l'un des premiers Super Constellation d'Air France : Santiago-Buenos Aires-Montevideo-Rio-Dakar-Marseille et Paris. Un voyage de plusieurs jours. Je la vois et je suis immédiatement transformé en statue de sel, comme mon père probablement quinze ans avant. Tout disparaît, ma maman Vivi, ma marraine Finotte, ma tante Louisette. C'est Elle ! Et j'en suis tombé amoureux comme on ne peut l'être qu'à huit ans, c'est-à-dire plus fortement qu'on ne le sera jamais.

La première nuit, j'ai dormi dans son lit. Je me souviens encore que j'étais à droite et qu'en dormant, elle me donnait son dos. Marcelle avait trente-cinq ans, l'âge d'or, une peau de soie noire, les cheveux crépus avec des boucles déjà blanches, elle ne ressemblait absolument pas à sa sœur de lait, ma tante Rolande, pure *chabine*, ce qui dans le vocabulaire des Antilles veut dire une « négresse », mais à la peau claire. Ma mère était le contraire : noire avec les traits fins des Européennes.

La mixité, c'est compliqué.

Moi je ne distinguais pas les couleurs puisque je vivais dans un monde normal de noirs au milieu de blancs. Normal donc.

Elle était normale sauf qu'elle m'est apparue divinement belle. À partir de ce jour-là, 2 décembre 1947, jusqu'au 24 avril 1956, c'est-à-dire pendant huit ans, quatre mois et vingt-deux jours, nous avons vécu quotidiennement l'un à côté de l'autre. À Ambleny, quasiment tout le temps. On a beau dire que Freud ceci, Freud cela, j'ai le souvenir fort vif d'un comportement psychanalytique singulier. Alors que je n'ai absolument pas souffert de l'absence de ma mère, choyé comme je l'étais pendant mes premières années par mes trois mamans, il aura suffi que Marcelle arrive pour que je sois pris de l'angoisse de la perdre et de ne plus la revoir. Pendant des années, toutes les nuits, je descendais une fois, deux fois l'escalier de la maison en faisant très attention qu'il ne craque pas, ceci pour vérifier que ma maman était toujours là, seule, à écrire, à la plume, des milliers de feuillets sur la table de la salle à manger. Le plus souvent, je n'arrivais à m'endormir que lorsque j'entendais ma mère monter se coucher dans la chambre d'à côté. J'ai été surpris parfois, grondé rarement, mais cette hyper-intello ne m'a jamais paru comprendre le sens de cette démarche saugrenue. Elle n'y a pas attaché d'importance. Elle avait raison, j'en suis sorti.

Le souvenir de ma mère ne tient pas à ce qu'elle faisait (maladroitement) la cuisine, le ménage, les courses, mais qu'elle parlait des heures de choses littéraires que je ne comprenais pas avec toutes les personnes de son entourage. Il n'y avait jamais de cancans ni de futilités. Même quand nous faisions de la bicyclette, elle me parlait de la guerre des Gaules ou des guerres puniques. Quand elle ne parlait pas littérature, elle écrivait des dizaines, des centaines de lettres à des amies, notamment celles laissées à Buenos Aires, écriture ronde, féminine, étonnement lisible de la part de quelqu'un qui passait son temps à noircir du papier, des lettres et des feuillets. De quoi ? de son dictionnaire de philosophie. Elle a écrit un dictionnaire de philosophie dont il ne reste rien, pas une ligne, comme pas une ligne de ces milliers de lettres, des nouvelles qu'elle publiait dans un journal féminin dont j'ai oublié le nom. Je ne comprends toujours pas comment à sa mort ni moi, ni la nombreuse famille que nous étions, ni ses amis n'avons collecté et conservé ses années de papiers et cahiers.

Elle achetait ses cahiers épais et multicolores boulevard Saint-Michel, chez Gibert.

Je répare, maintenant je conserve tout.

À sa mort, le plus grand quotidien de Buenos Aires a passé un petit article nécrologique sur elle parce qu'elle avait publié dans ce journal pendant sept ans d'exil des nouvelles traduites par une amie en espagnol.

Elle signait Antoinette Le Rat.

Je n'ai rien cherché de ce côté-là non plus et donc rien retrouvé sauf les dix petits feuillets conservés, préservés par une de mes belles-mères, Sylvia, sa « rivale » argentine. Ce sont ces textes brefs que je reproduirai à la fin de ce livre, feuillets que ma sœur Leticia m'a envoyés à la mort de sa mère Sylvia en 2015.

Son interlocuteur littéraire le plus proche était un écrivain russe blanc d'origine géorgienne, Boris Bouieff, dont les parents avaient émigré à Paris en 1917 en passant par Odessa et Constantinople. Il me lisait la Géorgie dans la *Nouvelle Géographie universelle* d'Élisée Reclus[1] qui écrivait – sans y avoir jamais mis les pieds – que la Géorgie était le pays des plus belles femmes du monde entier. Il me racontait aussi que dès l'âge de quinze ans il avait été autorisé par ses parents à fumer ces longues cigarettes turques, tout cela était fascinant. Il était suffisamment écrivain pour avoir été publié chez Gallimard et chez Grasset. L'un de ses livres, *Pays de rigueur*, a été préfacé par Mauriac lui-même. C'était pour moi

1. Un ouvrage en 19 tomes, publié chez Hachette entre 1876 et 1894.

un personnage extravagant, qui crachait ses poumons et avait toujours un mouchoir devant la bouche sauf quand il m'embrassait. Il avait le même âge que ma mère et ressemblait à l'idée que je me fais du physique de Robespierre, un Robespierre qui m'a appris à jouer des jours entiers à la canasta et au Monopoly.

Il a contribué d'autant plus à mon éducation que nous vivions en fait dans la maison d'Ambleny : ma mère, Boris, René et moi. Mon père, c'était un intermittent du spectacle qui pourvoyait avec des hauts et beaucoup de bas à l'entretien de nous quatre.

René et Boris habitaient le pavillon de l'autre côté de la cour et non pas dans la grande maison. René était devenu sculpteur sur bois dès sa sortie du camp de concentration de Buchenwald, il sculptait des madones dans des billots de merisier ou de poirier avec des marteaux et des ciseaux à bois. Il ressemblait furieusement à Jean Marais, il avait moins de trente ans et il était natif du Val d'Aoste. Il avait été raflé un jour de 1943 et envoyé à Buchenwald parce que, disait-il, déserteur du STO.

Boris Bouieff avait été envoyé lui aussi à Buchenwald, peut-être en raison de faits de résistance que j'ai du mal à imaginer, peut-être en raison de son homosexualité « visible ». Boris avait en effet des attitudes corporelles qui ne pouvaient méprendre personne, sauf moi bien sûr, à l'époque. René et lui s'étaient tous les deux trouvés dans cet épouvantable camp de concentration. À la sortie de ce camp, ils avaient une marraine qui leur écrivait, c'était une dame juive, allemande, argentine, et l'amie la plus proche de ma mère. Elle avait demandé à Marcelle de les aider à se loger.

Marcelle les avait accueillis à Ambleny. Ils ont été acceptés par Tonton Agricole, qui vivait toujours, et par tout le monde qui venait et allait dans cette maison. Ils sont restés de 1948 à la mort de ma mère en 1956, au moment où mon grand-père a dû vendre la maison. Enfin, Boris est resté jusque-là. René l'avait quitté pour épouser une des deux petites-filles du docteur Agricole, lui faire des enfants et partir mener une vie d'hétéro.

Je n'ai découvert (vaguement) ce qu'était l'homosexualité que très lentement, sur les chuchotements de mes deux sœurs Myriam et Leticia averties de ces choses-là, comme le sont rapidement les jeunes filles adolescentes, et je l'ai découvert aussi en raison des crises que mon père piquait quand il était de passage à Ambleny. Je me souviens qu'il demandait à Marcelle d'interdire à Boris de me prendre sur ses genoux. Ça me fait rire. Genoux ou pas, je n'ai évidemment jamais subi de la part de Boris le moindre des attouchements, et j'ai appris très vite que l'homosexualité n'était assurément ni une maladie, ni le résultat d'une éducation. On naît comme ça, et ça ne s'apprend pas.

Ma mère, qui baignait entre autres dans la mythologie, m'avait raconté comment Agamemnon, sur le départ pour Troie, avait recherché Achille le Héros qui se prélassait, lui avait-on dit, habillé en jeune fille évanescente dans un immense gynécée : il a fait apporter à ces dames une énorme malle pleine de bijoux avec au fond une épée. Celle qui sans hésiter s'est précipitée sur l'épée, c'était Achille le guerrier.

J'ai compris plus tard que je n'avais rien « risqué », contrairement aux craintes paternelles, à avoir vécu dans l'intimité de Boris et René pendant des années.

Ces huit ans, quatre mois et vingt-deux jours de vie avec Marcelle auront fait sans doute en grande partie ce que je suis devenu.

J'ai vécu avec une mère pas très sentimentale au sens mièvre du mot, intellectuelle, cérébrale, émotive, rebelle, en état permanent d'indignation sur quantité de sujets sociétaux, littéraires ou philosophiques. Elle était de gauche de cœur, socialiste comme toute ma famille maternelle et conservatrice. Et convertie. Ah ! Les convertis sont toujours militants ! À l'âge de trente ans elle était devenue catholique pratiquante sous l'impulsion d'amis argentins, pour sauver sa peau : abandonner son bébé pour rejoindre l'homme de sa vie, découvrir qu'il s'est entre-temps marié à Sylvia qui lui a fait ma sœur Leticia, tout ceci dans un pays étranger dont elle ne parlait pas la langue et sans aucun moyen financier autonome. Il a sans doute fallu qu'elle remette son âme entre les mains de la Vierge !

L'immensité de l'Argentine l'avait commotionnée. Elle en a fait le titre d'un roman qu'elle n'a jamais terminé et qui a disparu comme le reste. Je n'en ai conservé que le titre : *Rosario du bout du monde.*

Le catholicisme l'a sauvée, et un peu mon père aussi. Il a organisé sa vie entre ses deux femmes, une femme noire et une juive espagnole dans l'Argentine pronazie de Perón. Il n'a jamais eu, le pauvre homme, le temps de s'occuper sérieusement de gagner honnêtement sa vie.

Catholicisme militant de ma mère, j'ai donc été enfant de chœur à Ambleny. Bonheur : je rencontrais des copains, je pouvais jouer au foot au patronage, je pouvais aller au catéchisme, c'étaient les seuls moments où je voyais des enfants de mon âge. Le reste du temps, je le passais solitaire dans mon jardin d'un quart d'hectare autour de ma maison. Pas ma prison, mon Royaume avec la campagne alentour, ses dépendances. Ma mère aura été en effet mon unique professeur pendant presque toute notre vie commune.

Boris, comme enseignant, était nul. Il me racontait des contes fantastiques, des histoires de cavaliers des steppes, des histoires de boyards ivres de vodka, mais pour le reste… pas vraiment pédagogue, sauf pour une phrase qu'il avait peinte sur tout un mur au-dessus de son lit et dont je n'ai compris le sens que des années plus tard : « La lettre tue, seul l'Esprit vivifie. » Elle est tirée de la deuxième Épître de saint Paul aux Corinthiens.

L'enseignement, c'était ma mère. J'ai quitté l'école du village à dix ans, avant le concours d'entrée en sixième (oui c'était alors un concours), je n'ai même pas passé le certificat d'études. Ayant considéré que l'école de Jules Ferry était une perte de temps, ma mère a fait avec moi tout seul ce pour quoi elle avait fait des études supérieures : enseigner. Français, anglais, géographie, histoire, latin, j'étais assez bon. En maths, physique, chimie, sciences naturelles, j'étais zéro. D'où les rêves qu'aujourd'hui encore je fais de n'avoir pas pu passer le baccalauréat.

J'ai appris les guerres médiques, lu tout Racine dès l'âge de onze ans, su par cœur la chronologie des rois de France, ma mère me faisait lire du Péguy, du Léon Bloy, du Saint-Exupéry, mais pas *Le Petit Prince*, du Bernanos, elle a même essayé de l'Anatole France, du Kipling, et surtout du Chesterton, plus personne ne sait qui c'est, encore un marginal, un Anglais pur jus, catholique.

Rivalité avec mon père qui voulait me faire lire du Gibbon – *Histoire de la décadence et de la chute de l'Empire Romain*[2] – et du Nietzsche.

Pour ma mère, la Grande personne de sa génération, c'était Simone Weil. Cette philosophe agnostique devenue catho en 1936 et qui est morte à trente-quatre ans en 1943, comme ma mère, d'une attaque cardiaque.

Elle détestait Sartre, trouvait les phrases de Proust trop longues, elle ne supportait pas le style de Céline. Je n'aime ni Proust ni Céline, comme c'est singulier.

Et la Martinique dans tout cela ? Ma mère et sa sœur, ma tante Rolande, y sont allées petites, une seule fois dans leur vie, sans doute en raison de la disparition de leur parenté de l'île, tous ou quasiment émigrés en métropole. C'était le temps des paquebots, seul moyen alors, avec quelques bananiers, de traverser l'Atlantique et, à cette époque-là, la plupart quittaient l'île pour ne plus y revenir de leur vie. Ma mère et ma tante parlaient cependant le créole parce que les dames d'Ambleny avaient conservé la coquetterie d'en faire usage.

2. Un ouvrage initialement publié en anglais de 1776 à 1788, traduit en français dès 1795, puis en français moderne en 1812. C'est un classique régulièrement republié.

Enfant, je ne suis moi-même allé à la Martinique qu'une fois, sur le paquebot le Colombie où nous mangions à la table du commandant parce que mon grand-père Robert était le fonctionnaire de l'État du rang le plus élevé du bateau. C'était bien la France et son sens de la hiérarchie et des convenances.

Souvenir d'un énorme parfum, d'une moiteur, du bruit de la grosse pluie sur le feuillage épais, de la magnifique maison style colonial des Yang-Ting au pont de Chaînes dans les faubourgs de Fort-de-France, une véranda tout autour du premier étage, la cuisine immense de l'autre côté de la cour où les poulets couraient partout, des feuilles de tabac gigantesques et des sacs du café dont mon père décrétera qu'il serait le meilleur au monde, enfin des bananes tellement goûteuses que je n'ai jamais pu en manger avec gourmandise depuis que j'ai quitté Fort-de-France. C'était fin 1946 probablement, j'avais sept ans, la Martinique avait été « libérée » de Vichy depuis 1943, les Américains y étaient, usine de Coca-Cola et ses petites bouteilles qui circulent sur une énorme machine et de très grosses voitures automobiles qui ressemblent toutes à des tortues, les Américaines des années quarante. Le magasin-bazar à l'enseigne Louis Yang-Ting, on y trouve de tout, même de la morue salée en fût. J'en ai gardé pour la vie le goût pour le stockfisch qu'on peut encore aujourd'hui déguster dans un petit restaurant parisien dont je tairai absolument le nom.

Un matin, je suis réveillé en pleine nuit – il est six heures moins le quart et le soleil n'est pas encore levé – pour être projeté tout nu en slip sur une plate-forme de camion et être recueilli par des hommes immenses, noir luisant, qui rient tous très fort de me voir ahuri et qui ont tous à la main ou à la taille d'immenses couteaux. Ce sont les coupeurs qui vont m'emmener pour la journée dans les champs de canne. Les cocotiers du Chamflor, commune du Morne Rouge, les garçons qui montent à bras et jambes seulement sur des cocotiers géants. Tout le monde les applaudit, car c'est toujours une prouesse.

Des vacances que j'ai bien enfouies dans la boîte à souvenirs, celle qu'on ouvre le plus rarement possible pour pouvoir les conserver longtemps et intacts.

Ma mère est morte, une nuit, chez mon grand-père Robert. Je dormais dans le salon, elle avec sa sœur Louisette dans la chambre d'à côté, elle s'est levée, s'est sentie mal, s'est recouchée et elle est morte d'un arrêt cardiaque.

Le soir, je suis allé en surprise-partie, sans doute la première de ma vie, j'allais avoir seize ans et demi, c'était le 24 avril 1956. Ma troisième fille, Éléonore, est née un 24 avril, date de la mort de ma mère, la première, Carole, un 14 mars, date de sa naissance. Je ne suis pas devenu pour autant complotiste !

J'ai dit à tout le monde que ma mère était morte le matin, à tout le monde et surtout aux jeunes filles qui m'ont consolé. J'avais les yeux secs, je trouvais qu'il m'était arrivé quelque chose de différent de tous les autres : j'étais orphelin, avec un père en prison.

Formidable réflexe de défense, j'en ai fait une singularité, donc une supériorité. Ce n'est pas le résultat d'un caractère ou d'un esprit fort, mais le fruit de l'amour que toute cette drôle de famille m'apportait dans toutes ses composantes y compris mes belles-mères multiples. Un enfant, un adolescent résiste à tout et surmonte les chocs s'il se sait aimé. Cela aura été mon cas et au surplus j'aurai eu la chance d'avoir été aimé par des personnes de qualités.

Depuis, ma mère n'a jamais vraiment cessé de vivre avec moi. Je la vois toujours très jeune, évidemment, elle est morte à quarante-quatre ans et souvent je me dis qu'elle aurait été contente de ceci ou contente de cela. Mon vif regret, c'est qu'elle aurait été une grand-mère épatante, elle le disait : « J'invente des contes pour les raconter à mes petits-enfants. »

Elle racontait des contes comme personne. « Il était une fois… », et tout le monde s'arrêtait pour l'écouter, les fées, les dragons, les héroïnes et les chevaliers, mais pas seulement, des contes de Kipling, elle les racontait de mémoire et on voyait les animaux de la forêt parce qu'on était dans la forêt. Même enfant, cette faculté de conter me paraissait unique, extraordinaire, et me rendait très fier. Ainsi, dans le compartiment du wagon du train qui parfois nous amenait ou nous ramenait de Paris, je demandais à ma mère de nous raconter une histoire et, cinq minutes après, les huit autres personnes de tous âges du compartiment s'arrêtaient de parler entre elles, de lire ou de dormir, elles écoutaient, figées. Je suis absolument certain que jamais aucun de ces voyageurs inconnus qui tous souriaient, ravis, quand nous arrivions en gare, ne s'est rendu compte que ma mère était noire.

Deuxième Partie

UN MÉTIER TRANSGRESSIF

AVOCAT ET JOUEUR DE POKER

Les Trente Glorieuses commencent en 1945, j'ai six ans. Elles vont se terminer selon la formule habituelle par le choc pétrolier de 1973.

Prospérité ? C'est vite dit, on part de si bas, mais disons que lorsqu'on a vingt ans en 1960, on ne se pose pas la question de savoir si on va ou non trouver un travail. Les classes les plus creuses, celles de 39-44, ont eu du bon. Les classes pléthoriques de l'après-guerre vont arriver sur le marché du travail ou à l'université à partir de 1963. C'est pile après la fin de toutes les guerres. La France sort de l'Algérie. Elle va avaler deux millions de « pieds-noirs » en quelques années.

Après la mort de ma mère (avril 1956), à la rentrée scolaire de septembre, je suis entré sur simple déclaration de mon grand-père affirmant que j'étais « au niveau » directement dans une caserne, le lycée Pasteur de Neuilly. J'étais alors de deux ans et demi plus vieux que mes condisciples de la classe de seconde.

Français, anglais, latin et maths à l'écrit. Français, anglais, latin, ma mère y avait pourvu, en revanche les mathématiques, celles de la classe de sixième à la classe de troisième incluses, je les ai ingurgitées grâce à un vieux professeur aussi chauve et délicieux que compétent pendant les mois de juillet, août et septembre 1956. C'était tout de même le minimal du minimum et je n'aurai réussi au baccalauréat que parce que je savais apprendre les questions de cours du programme de mathématiques par cœur.

Le baccalauréat réussi, me voilà conduit vers la faculté familiale. Nous en sommes encore à la faculté de Droit unique pour toute la région parisienne, Panthéon, mes deux grands-pères y étaient déjà. Certes, Nanterre commence à surgir de terre et les joyeux événements de 1968 sont probablement en germe, mais en germe seulement. Je suis inscrit à la fac de droit à Panthéon pour n'y mettre jamais un seul orteil. Les cours, ce sont les polycopiés édités au coin de la rue Saint-Jacques et de la rue Cujas, je n'ai jamais vu avant le DESS une queue de robe de professeur.

On travaillote un peu dans l'année, deux ou trois heures par semaine, puisqu'on est obligé d'aller aux séances hebdomadaires de travaux dirigés qui pour moi se passeront au lycée Montaigne. Je n'ai qu'un seul souvenir de ces séances, la découverte en première année d'*Histoire d'O*.

Et puis, deux mois avant les examens, on se transforme en étudiant en médecine préparant l'internat : le bagne ! On entre à Sciences Po, sur mention, en deuxième année directement, avec dédain sinon mépris, c'est encore un établissement de dilettantes où professe Raymond Aron. Il faisait un cours en option sur la dissuasion nucléaire et, lorsque vous lisiez son cours, vous aviez au fur et à mesure de votre lecture la conviction que vous compreniez tout bien et que donc vous étiez très intelligent. À l'examen, j'ai été évidemment excellent : 4/20 ! Je n'avais donc rien compris. Il m'aura fallu un peu de temps pour me remettre de ce grave affront.

Le droit, un DES – à l'époque cela s'appelait un DESS. Sciences Po, pour quoi faire ? Administrateur civil ? Même pas tenté, je savais déjà que pour les grands corps je n'avais ni l'envie, ni le profil, ni le talent.

À l'époque, j'étais encore surveillant, de mon temps on disait pion, dans un lycée moderne à Antony. Pratique, je vivais à la cité universitaire d'Antony, pas dans les bâtiments des célibataires, mais dans l'unique bâtiment des couples avec enfants, construit sur le modèle soviétique, petite cellule, mais deux-pièces tout de même, cuisinette, salle de bains et grande cuisine commune comme à Moscou. Nous y vivions, ma première femme, mes deux filles et moi, au large. Nous nous étions mariés, ma première femme et moi, à 17 et 20 ans, conduits par la naissance imprévue de Carole – celle qui est née un 14 mars, date de la naissance de ma mère – suivie l'année suivante par Sylvia.

Période bénie. On allait dîner chez l'un ou chez l'autre, en fait chez un ami qui est probablement l'un des trois hommes les plus charismatiques que j'aie jamais rencontrés, Jean-Pierre Bompard. Il était au même étage, trois cages plus loin, avec sa femme et son fils qui avait l'âge de mes filles.

Une 2CV donnée par ma belle-mère, cinéma deux ou trois fois par semaine, viande à tous les repas et le tout seulement avec un salaire de pion. Ma femme ne travaillait pas, mais la majorité des femmes de ces étudiants de ce temps-là ne faisaient ni études ni travail et s'occupaient de leurs enfants à plein temps.

L'insouciance, s'il n'y avait eu l'abominable réveil du matin pour rejoindre, en 2CV, le lycée proche.

Et après ? Qui se posait la question ? De toute façon on n'avait que le choix. Le hasard y pourvoirait.

Il y a pourvu, la rencontre fortuite à l'automne 1962 d'un copain de lycée sur le trottoir de la rue Soufflot, devant Capoulade qui est devenu un McDo. J'avais failli partir pour l'Algérie à cause de lui. Il avait refusé de me prêter le béret qu'une fois encore j'avais oublié de porter, un matin de prép. militaire. Oui, la « préparation militaire » en première et philo était à cette époque, pour les garçons bien sûr, obligatoire si l'on voulait être sursitaire et éviter le départ pour l'Algérie.

Or donc j'avais oublié mon béret et je me suis fait renvoyer de la prép. alors que mon condisciple, garçon sérieux, n'avait jamais manqué une seule fois de le porter. J'ai pu éviter l'enrôlement intempestif et même tout service militaire en faisant deux filles coup sur coup à vingt et vingt-et-un ans.

Cette rencontre inopinée sur le trottoir de la rue Soufflot allait avoir des conséquences. Il partait le lendemain sous-officier, puisqu'il avait réussi sa prépa pour la guerre, et il avait libéré la veille un poste de secrétaire d'agréé chez Jacques Deleau. Secrétaire d'agréé ! À l'époque on avait le choix, stage d'avoué au tribunal, stage d'avoué à la cour, stage d'avocat, mais le nec plus ultra c'était le stage d'agréé au tribunal de commerce de Paris. Ces cabinets de plaideurs en habit à queue-de-pie qui représentaient les parties depuis Henri IV, mais n'avaient le droit de défendre et plaider que devant le seul tribunal de commerce auquel ils étaient attachés, il y en avait dix à Paris, deux ou trois à Rouen, Lille, Lyon, Toulouse, Bordeaux, Marseille, Nancy. Des citadelles, des fiefs surtout : ils trustaient les dossiers des procédures de faillite, les dossiers des banques, ceux des assureurs et des plus grandes sociétés. Ils ont été avalés par les avocats, comme les avoués du tribunal, en 1971. Mais il existe encore, près de cinquante ans plus tard, une Association des anciens agréés et secrétaires d'agréés. On disait encore « secrétaire » comme avant la guerre pour les avocats et pas « collaborateur », quelle singulière évolution linguistique !

On apprenait un métier, on plaidait tout de suite, on avait ses propres dossiers, on était dans le bain et c'était payé l'équivalent mensuel de cent euros. Même à l'époque, c'était faible pour nourrir sa femme et ses deux enfants, mais certaines familles auraient payé pour que leur fils puisse faire un stage de formation chez l'agréé.

Je suis donc passé de pion à manche de lustrine sur le pupitre de l'étude Deleau, 25, rue du Louvre, face à la grande poste qui a disparu récemment. Des bureaux d'entresol, fenêtres à verre dépoli, exactement le même ameublement et le même papier peint que lorsqu'ils avaient été aménagés dans les années vingt. Pupitre, oui, je partageais une longue table fixée au mur et légèrement inclinée vers le bas avec un collaborateur plus âgé que moi. Ceci de huit heures trente à dix-neuf heures. Il y avait quantité de dactylos avec des machines des années trente, la duplication se faisait en imprimerie offset, ni fax, ni télex, ni mail. Le téléphone était fixe et on n'avait pas de pause-café mais, en revanche, on avait le droit de fumer des Gauloises au kilo.

Jacques Deleau était un personnage de Balzac, il ressemblait à l'un des frères Goncourt. Avec un air sinon de majesté en tout cas de grande autorité, il trônait au milieu de tout un groupe de collaborateurs et stagiaires de tous âges. Il était flanqué d'un premier clerc qui était le régisseur, le majordome, l'administrateur, le procédurier de l'étude, et d'un clerc d'audience. Personnages de roman l'un et l'autre, possédant une connaissance encyclopédique de la mécanique judiciaire, ces deux clercs avaient appris le métier sur le tas et ils servaient aux stagiaires de bouée de secours.

Jacques Deleau était normand, et d'un souverain mépris pour ceux qui ne l'étaient pas. Plus réactionnaire de comportement, c'était difficile à trouver, mais l'œil pétillant et un humour qui était le marqueur d'une intelligence d'exception.

J'ai appris à raisonner, à écrire, à mettre en forme des arguments. Il me disait : « Faites cesser. » Il fallait comprendre « faites CC », autrement dit « faites court et clair », mais il ajoutait : « Si le dossier est mauvais, faites long et compliqué. »

J'ai survécu évidemment grâce à la grande indulgence de ce patron hors normes. En effet, je n'arrivais jamais à huit heures trente et j'ai même fini par arriver à onze heures, sauf les mauvais jours où j'avais audience du matin au tribunal de commerce. Un collaborateur, m'a-t-on appris, s'était plaint lors d'une conférence du matin que je ne sois point sanctionné pour ces retards répétés et que, pis encore, le patron conserve même sur une petite table les dossiers qu'il allait me confier lorsque j'aurais le bon goût d'arriver au bureau.

Le plaignant a eu son compte. La réplique de Deleau a été définitive : « Versini, il est du sud de la Loire. » Rompez !

Je n'étais probablement pas le seul du sud de la Loire dans cette étude, mais, incontestablement, j'étais le chouchou du patron. Situation délicieuse. Le concept de recherche d'un travail n'avait pas de sens pour un étudiant en droit normal qui avait fait dix-huit mois ou deux ans chez Jacques Deleau. L'employeur venait vous solliciter. C'est ainsi que j'ai reçu un jour l'aimable invitation d'un magistrat consulaire, c'est-à-dire d'un juge auprès du tribunal de commerce, chef d'entreprise, plus précisément directeur juridique d'une société presque multinationale qui occupait déjà un immeuble à la Défense, alors même que la Défense n'était pas encore construite. C'était un des deux ou trois premiers immeubles en bord de Seine, à Puteaux. L'aimable invitation était celle de devenir cadre d'entreprise à la direction juridique de cette importante société et me voilà arrivant, toujours au volant de ma 2CV, au pied de l'immense immeuble, aujourd'hui l'un des plus petits de son environnement. Je monte à l'un des derniers étages, mais d'abord je me trompe d'ascenseur. J'entre dans celui réservé au sommet de la hiérarchie, on me guide, je rectifie la position.

Je suis accueilli par une dame à hauts talons très élégante, qui m'introduit dans un bureau où une autre dame tout aussi grande et élégante entreprend de m'expliquer à quoi je pourrais dans ce grand service juridique être employé. Mais elle commence mal, par la fin, par les avantages en nature, la cantine, les cotisations retraite, la mutuelle médicale. Comme un somnambule, je me suis levé gentiment et lui ai dit que j'allais revenir, mais que j'avais oublié quelque chose d'important dans ma voiture ouverte. Je me suis précipité dans l'escalier, les vingt étages en courant, le parking à ciel ouvert en courant, la 2CV en calant. Bref, ce sera mon unique tentative en entreprise.

En fait, très longtemps on ne sait pas ce que l'on veut et parfois même on ne le sait jamais dans toute une vie, mais en revanche on sait très vite ce que l'on ne veut pas, ou plutôt ce que l'on ne peut pas.

Je ne pouvais physiquement pas espérer devenir un cadre d'entreprise.

Alors avocat ? À l'époque, une profession bien dévalorisée, du moins aux yeux des étudiants. Grimoires, audiences poussiéreuses, maigres revenus et, sauf exception, les avocats tenaient bureau à leur domicile. Mes familles cumulaient déjà en 1965 plus de cent ans d'inscription d'avocats au barreau de Paris, mais l'exemple de ma tante Rolande, la sœur de ma mère, excellente avocate, n'avait rien de folichon : petits dossiers, beaucoup de temps perdu, une activité débordante pour de maigres satisfactions.

Si j'envisageais quelque chose, c'était de m'occuper des problèmes juridiques des grandes sociétés. Je voulais devenir conseiller juridique, mais par la grande porte : doctorat et agrégation s'imposaient, avec une thèse très originale, très ciblée sur un sujet qui allait combler d'aise les directeurs des affaires juridiques. Je suis donc devenu à temps partiel assistant d'un professeur dont j'ai oublié le nom, il s'occupait des constitutions des pays africains récemment décolonisés. Pour seule activité, j'ai appris le classement de fiches par ordre alphabétique. Les mandarins n'avaient pas encore disparu.

Nourrir pendant ce temps-là femme et filles, les petits boulots y pourvoiraient.

J'avais par exemple travaillé comme enquêteur pour une société d'études de marché, elle s'appelait la COFREMCA et je crois qu'elle existe encore. En ce temps-là, il suffisait de se présenter pour y être embauché et, à cette occasion, j'avais écumé la grande banlieue (sans GPS) pour interroger les banlieusards sur ce qu'ils pensaient d'une voiture qui allait être la Renault 4 L. Je la trouvais obscènement laide, mais une majorité des consultés l'ont trouvée à leur goût. Je suis donc à l'origine du lancement de ce modèle phare de la régie Renault.

Une autre fois, la consultation portait sur les engrais chimiques, c'était juste avant le glyphosate. J'écumais la Beauce et mon Soissonnais aux grandes fermes. En fait, il faut se souvenir que pendant les années soixante il y avait encore des insectes, des oiseaux et des lièvres dans les champs et dans les bois. Mais mes beaux projets de conseil de grandes sociétés se sont arrêtés net. Mon grand-père avait rencontré dans un colloque un homme grand, massif, quarante-cinq ans environ, faussement jovial, persuasif, chaleureux, avec lequel il avait parlé de choses et d'autres et de son petit-fils qui faisait du droit. Ce monsieur était avocat au barreau de Paris et il m'a demandé de venir le voir. Secrétaire d'agréé, mon grand-père ancien haut magistrat, j'ai été embauché comme collaborateur sur-le-champ et j'ai accepté pour une raison triviale : je gagnais sept cents francs le mois chez Jacques Deleau et Paul Prompt m'offrait deux mille cinq cents francs immédiatement et cinq mille francs d'avance.

Je devenais d'un coup le stagiaire le mieux payé de Paris, à moi la petite Alfa Roméo d'occasion, mais ceci à condition de passer le CAPA, c'est-à-dire le certificat d'aptitude permettant d'accéder à la profession d'avocat, et de m'inscrire dans la foulée au barreau de Paris.

Ce singulier employeur, Paul Prompt, avait été communiste. Il avait même été l'avocat personnel d'un cacique du parti devenu premier secrétaire, Waldeck Rochet. Il ne l'était plus professionnellement quand je l'ai rencontré, mais il restait communiste des viscères : il faisait de l'argent, donc il était l'avocat de capitalistes de tout poil, mais le cœur irrémédiablement à gauche, ce qui lui donnait un comportement d'anarchiste. C'est ce qui m'a permis de le supporter trois ans durant, c'était un formidable patron et un négrier !

Il avait pendant la guerre d'Algérie hébergé Jacques Vergès, que je n'ai rencontré que très longtemps plus tard, hébergé, comme moi, dans la chambre à coucher de son couple où il y avait un petit bureau. C'était le seul endroit de son appartement où il pouvait loger un collaborateur.

J'étais surpayé et j'avais tout à apprendre. Nous n'étions plus dans le droit commercial, pépère, de l'avocat du créancier qui doit simplement demander au juge de condamner le mauvais payeur à payer ce qu'il doit. Nous étions, en droit commercial comme en droit du travail, du côté du salaud de mauvaise foi pour lequel il faut tout mettre en œuvre pour qu'il ne paie pas ou qu'il paie plus tard selon la formule bien connue : « Les vieilles dettes, on ne les paie pas et les nouvelles dettes, on les laisse vieillir. »

Et le certificat d'aptitude à la profession d'avocat, me demandez-vous ? Une formalité. Jean-Pierre Bompard, qui a fini par faire cabinet commun avec moi, avait réussi à rater une première fois l'examen du CAPA : on s'en est moqué une vie ! Aujourd'hui, je crains que cet examen soit devenu un concours.

Je me souviens du bâtonnier Marcel Grente venant en amphi exprimer aux candidats au CAPA tout le bien qu'il pensait d'eux : « Cette année (1964) vous serez depuis 1950 la première promotion plus nombreuse à entrer dans la profession que ceux qui s'effacent par démission ou décès. » Il en avait les larmes aux yeux, nous étions quatre mille, les filles un petit quart. Elles sont aujourd'hui en majorité alors que nous voilà trente mille avocats inscrits au barreau de Paris.

Des années essoufflées de formation, il fallait que j'arrive à neuf heures dernier délai, je partais à 21 heures et j'étais censé savoir répondre, savoir attaquer, un savoir que Paul Prompt n'enseignait pas. C'est la nécessité qui m'a instruit.

Plus tard, devenu moi-même patron de jeunes collaborateurs stagiaires, j'ai trouvé la formule efficace d'enseignement : le stage *embedded* comme on disait pendant la guerre d'Irak de Bush fils pour les journalistes. Embarqués au cœur des unités militaires et ici consignés dans mon bureau avec leur table-bureau à deux mètres de la mienne. Ils apprennent l'avocature, les stagiaires, en voyant s'agiter l'avocat. Rien à leur enseigner. Ils font l'éponge, absorbent à grande vitesse et apprennent dans le même temps ce qu'il faut faire et ce qu'il ne faut pas faire.

Paul Prompt m'avait laissé me débrouiller tout seul, j'ai pataugé, fait toutes les stupidités, mais il m'avait laissé le volant et j'ai vaille que vaille appris. En 1968, j'étais devenu un avocat de contentieux commerciaux confirmé. Jamais de pénal, même de pénal financier, je n'allais voir ni les juges d'instruction ni les procureurs, je ne plaidais jamais en correctionnelle et moins encore aux assises. J'étais même très content de ne pas avoir à retourner au parloir des maisons d'arrêt.

En fait, le vrai métier, c'est chez Paul Prompt que je l'ai de force ingurgité. Je regrette aujourd'hui de ne le lui avoir pas dit. De surcroît, en 1968, je devais être le collaborateur stagiaire le mieux payé de Paris : quatre mille cinq cents francs par mois, c'est beaucoup plus que quatre mille cinq cents euros d'aujourd'hui.

En juin 1968, j'ai dû me trouver une autre collaboration : mes absences du mois de mai 1968 ont été fatales à mes relations avec Paul Prompt.

Mai 1968

Mai 1968 est le souvenir d'une fête immense ponctuée par l'une des deux radios, je ne me souviens plus, soit Radio Luxembourg, soit Europe n° 1. Peu importe, dans un temps où la télévision était en noir et blanc sur une chaîne, peut-être deux, aucun réseau social même en songe, un téléphone à pièces dans des cabines là où il y en avait, l'information c'était exclusivement la radio.

Mai 1968 a commencé pour moi seulement avec les barricades de la rue Gay-Lussac. Nanterre, Cohn-Bendit, l'occupation de la Sorbonne, faute de télé en continu et de smartphones, n'intéressaient que les étudiants et les professeurs, et je n'étais plus étudiant depuis quatre ans.

Et la rue Gay-Lussac, je n'y étais pas.

Enfin si, j'ai passé cette nuit-là à la radio, cassé en deux dans une voiture de sport « étroite comme un lit de jeune fille », la voiture d'un copain déjà fortuné, ce devait être une Triumph TR3, en route sur la Nationale

7 pour Saint-Tropez, oui, j'avais le lendemain une expertise judiciaire à Saint-Tropez. J'étais accompagné d'une dame qui m'aura peut-être pardonné cette nuit hallucinante où, dans le bruit du moteur, celui du vent dans la capote et la radio à fond, je ne lui ai pas adressé la parole autrement que par grognements, exclamations et coups sur le volant. Bref, je prenais les coups de bidule et je balançais les pavés !

Cette nuit-là, à mon arrivée à Saint-Tropez, la révolution était en marche !

C'est donc avec stupeur que je suis tombé sur un de mes amis, alors très jeune député de la majorité gaulliste fraîchement élu en 1967, en robe de chambre dans un café en train de prendre son petit-déjeuner, stupeur parce que la Bastille avait été prise dans la nuit et qu'il en était totalement ignorant, comme tous les Tropéziens que j'ai rencontrés ce jour-là. Les journaux n'avaient pas pu raconter la rue Gay-Lussac et ses barricades, parce que les rotatives doivent tourner avant minuit. Il n'y avait pas de photos, pas de télévision, nous en étions à l'ORTF qui ne diffusait que ce que le ministre de l'Information autorisait – tiens, il n'y a plus de ministère de l'Information depuis des lustres. Bref, ceux qui n'avaient pas passé la nuit à la radio ne savaient rien.

Après, la fête a continué. J'étais déjà trop vieux pour crier les slogans et participer aux polémiques de cellule, mais tous les soirs vers 21 heures, la radio avertissait qu'il y avait de nouveaux mouvements d'étudiants et de CRS au Quartier latin, mon copain Jean-Pierre

Bompard me téléphonait, j'allais le prendre à son domicile et nous partions courir les rues jusqu'à l'aube.

Pavés, pétards, grenades lacrymogènes, charges lourdes, lentes, méthodiques, fermement encadrées des CRS que nous apprenions à distinguer des « mobiles » – la Gendarmerie mobile par opposition à la Gendarmerie territoriale de nos cantons – et les « bleus », ceux de la préfecture de Police, qui couraient, eux, aussi vite que les émeutiers-dépaveurs.

Nous courions, nous lancions des pavés pour faire comme les jeunes et on gueulait « CRS, SS ! » à cause de la rime, parce que même le plus ignare et le plus délirant des manifestants ne pouvait pas confondre nos gentilles compagnies républicaines de sécurité avec l'ordre noir nazi.

Croyions-nous pour autant que la révolution allait l'emporter ? Certainement pas, elle était confisquée par les doctrinaires de la gauche de la gauche et nous étions des anars de droite, et une révolution pour quoi faire ? Nous étions en pleine prospérité des Trente Glorieuses.

On a fait les défilés et la Sorbonne, on a pris la parole pour y exprimer des choses définitivement profondes, qui étaient écoutées parce que nous avions le métier et la voix posée des tribuns de cour d'école. L'Odéon a été un grand moment où nous avons failli nous faire écharper parce que mon ami Bompard avait décidé d'insulter du haut du cinquième balcon les journalistes de l'ORTF annonçant leur ralliement trop tardif au grand mouvement : « Vendus ! » était probablement son invective la plus gentille.

Un souvenir me restera à jamais, le soir de Billancourt.

Billancourt, c'étaient les usines de la régie Renault et les usines Renault de Billancourt avant qu'elles ne soient démolies, c'était Fresnes ou la Santé. Un immense mur, très haut, très gris, très sale, une porte monumentale à l'entrée de l'île Seguin, une véritable forteresse. Or donc, un soir de ce mois de mai, la radio glisse comme de rien qu'il y aurait peut-être un mouvement de grève qui commencerait chez les jeunes ouvriers. À Billancourt, les jeunes, ils font la nuit bien sûr, les vieux et les syndiqués les heures les plus raisonnables de la journée. Jean-Pierre Bompard me somme, alors que je n'avais pas écouté l'info radio, de venir le chercher – l'essence n'avait pas encore commencé à manquer – car j'avais, moi, une voiture, non pas la Triumph TR3 qui m'avait été prêtée, mais une Station-Wagon bicolore des années cinquante et de la marque Chevrolet. C'est le break immense qui a à l'arrière des montants en bois, un modèle fort prisé par les chasseurs à pantalon de golf et guêtres. Un véhicule énorme dit de grande remise, qui avait servi pendant deux décennies de voiture accompagnatrice d'un grand hôtel – accompagnatrice parce qu'on n'y mettait pas les clients du grand hôtel mais leurs superbes bagages.

J'avais fait l'acquisition de ce corbillard noir et blanc parce que j'avais déjà une nombreuse famille à ce moment-là, non plus deux, mais trois filles.

Se promener à Paris pendant mai 1968 avec un tel véhicule était probablement une provocation, le conduire jusqu'à l'usine Renault quasiment un outrage. Nous l'avons donc garé dans une rue calme loin de la forteresse et nous nous sommes, Jean-Pierre Bompard et moi, présentés à la porte, enfin devant la porte, sur la place assez vaste qui lui faisait face. Nous étions seuls, pas un ouvrier, pas un CRS, pas un étudiant solidaire, même pas un curieux, à croire que nous avions, telle la Jeanne, entendu des voix. Et puis on a vu une puis deux têtes au-dessus de la porte, à dix mètres du sol, qui agitaient les bras. On a répondu en agitant nos bras et en criant des bravos.

– *Qu'est-ce qu'ils disent à Paris ?*

– *Tout le monde est avec vous, vive la sociale !*

« Vive la sociale ! », c'est Bompard, qui avait de la culture, qui l'a crié.

Et puis, de nouveau, le silence et la nuit.

Brusquement, un fantôme au fond de la cour nous est apparu, saisissant : Bonaparte ! non pas à Arcole, mais beaucoup plus maigre, les joues creuses, le cheveu dans le cou, Bonaparte à Vendémiaire, tirant le canon à l'église Saint-Roch. Nous voilà trois, on se présente, Versini, Caviglioli, forcément, un originaire de Guagno en Corse-du-Sud – oui, le village des fous, me dit-il – et on découvre, Bompard et moi, que ce Caviglioli-là c'est François. Le journaliste de notre *Combat* du début des années soixante, avec Dominique Jamet qui faisait les chroniques politiques « sérieuses » et Gabriel Matzneff la critique ciné, à l'occasion de quoi il parlait de tout sauf du film.

Une équipe incroyable, sous la houlette de Philippe Tesson qui était le directeur de ce quotidien extraordinaire, financé par un commerçant en gros tunisien, Henri Smadja, un patron de presse comme on ne peut même plus en rêver, qui s'est ruiné pour son journal.

François Caviglioli faisait excellemment la critique des procès, mais c'était surtout le reporter des voyages du général à l'étranger. « Dans la foulée du général », c'était le nom de sa rubrique. Il ne quittait évidemment pas le cagibi parisien qui lui servait de bureau, mais il nous racontait les voyages gaulliens comme personne. Je me souviens d'un lama offert à notre président de la République par celui du Chili (avant Pinochet), animal confié à Burin des Roziers, alors ministre de je-ne-sais-quoi ou directeur de cabinet. Une geste, une épopée que cette histoire complètement inventée du lama tenu en laisse par Burin !

François Caviglioli, c'est un Corse de l'espèce mutique. Le qualificatif et le complément d'objet dans une phrase, c'est en option. Nous sommes restés copains, même si nous ne sommes vus qu'une dizaine de fois jusqu'à sa mort en mars 2014.

Cette nuit de mai 1968, nous l'avons finie bien sûr dans un bistrot, lorsque les journalistes et les photographes sérieux sont arrivés petit à petit, puis ceux de la CGT avec les banderoles sous le bras. La grève générale a commencé cette nuit-là pour s'étendre dans la France entière. Quelques jours plus tard, nous avons fait la remontée des Champs-Élysées avec la bourgeoisie parisienne, et j'ai changé de patron. Nous n'avons, mon ami Bompard et moi, jamais pris le joli mai pour une affaire sérieuse et pourtant, il a changé la société. Un exemple : les enfants masculins de soixante-huitards s'occupent des bébés au même titre que la mère de ces derniers. L'épouse de Jean-Pierre Bompard et mes deux épouses successives n'ont en revanche jamais eu l'imprudence de nous mettre un de nos sept enfants cumulés dans les bras. Distraits, maladroits, nous les aurions fait tomber.

(Nous avions conservé certainement le comportement familial de nos arrières-arrière-grands-pères.)

Mis à la porte gentiment par Paul Prompt pour avoir participé à la kermesse de Mai, j'ai trouvé, si vite que je ne me souviens plus dans quelles circonstances, une deuxième collaboration, chez un avocat à peine plus vieux que moi, mais qui avait déjà une histoire. Il avait été le plus jeune député élu à l'occasion du raz-de-marée gaulliste de 1958, puis il avait quitté l'hémicycle pour ne plus y revenir après les accords d'Évian qui avaient mis fin à la guerre d'Algérie. Il avait été élu « Algérie française » et c'était un homme d'honneur. Il a quitté la politique quand la France a quitté l'Algérie. Guy Vaschetti, un Corse originaire de la même micro-région que moi, la côte ouest, entre le golfe de Sagone et le golfe de Porto. Il est d'Evisa.

Homme d'honneur et par conséquent imperméable aux compromis et aux compromissions, raide de comportement et de maintien, mais l'un des avocats les plus courtois que j'aie jamais rencontrés. Il parle d'une voix très calme, très douce, il parle peu, lentement, il est souriant, mais personne, confrère, magistrat ou client, n'a jamais eu envie de le provoquer. Une violence maîtrisée. Nous sommes restés près de trois ans ensemble. Il me fichait la paix, me confiait ses dossiers, m'assurait vingt pour cent des honoraires et me laissait développer une clientèle de copains qui eux aussi débutaient. Je remplissais mon emploi avec application et sérieux, et sans angoisse aucune. J'ai conservé de lui cette autre formule magique : « Les clients, il est aussi important de leur faire savoir ce qu'on fait que de faire. »

Et puis je l'ai quitté. Patrick Devedjian, le futur homme politique, de retour du service militaire, m'a succédé et j'ai suivi avec une dizaine de mes clients Jean-Pierre Bompard qui avait décidé de quitter son patron pour trois cent cinquante mètres carrés boulevard Saint-Germain, à l'angle de la rue du Bac, une des belles adresses de Paris, alors qu'il avait moins encore de clients que moi. Nous avons entraîné dans la création de notre cabinet commun un troisième larron, Michel-Pierre Simond. Il était au chaud dans un cabinet peinard, mais Bompard avait pris la décision !

Nous étions en 1971 et nous devions alors supporter un loyer mensuel de mille huit cents francs, c'est-à-dire deux cent cinquante euros, une fortune.

J'avais trente-deux ans.

Les magistrats

À l'aube d'adopter une identité professionnelle, où en suis-je de mes identités multiples, celles que l'on pourrait qualifier d'ethniques ? Elles ne m'ont jamais posé problème ni pesé, et surtout elles ne m'ont jamais écartelé. Je l'ai déjà écrit et je dirai encore, je n'ai jamais considéré devoir choisir entre ma part corse, ma part antillaise ou ma part « gauloise ». Certes, j'ai toujours eu conscience de n'avoir que fort peu de sang « gaulois » dans les veines, peut-être par quelques « békés » de la Martinique qui ont abouti à ce que ma tante Rolande et ma mère Marcelle, sœurs d'un même père et d'une même mère, aient de grandes différences de couleur de peau : l'une était café très crème, l'autre café tout court.

À la Martinique, le béké est ce métropolitain blanc qui est arrivé aux Caraïbes avant les esclaves noirs. Le curieux, c'est que le mot « béké » serait un mot africain pour désigner le blanc ou l'Européen. Ils ont en tout cas, ces békés, participé activement à la conception de l'Antillais dans toute la déclinaison du noir et du blanc. Mais, au-delà de l'exotisme, j'ai toujours intuitivement considéré que les identités s'ajoutent et ne se retranchent pas. Je me considère comme un paysan de l'Aisne parce qu'on a beau dire et beau faire, on est d'abord de l'endroit où on a vécu entre l'âge de cinq ans et celui de quinze, de l'âge des premiers souvenirs à celui de la puberté qui vous complique et vous disperse. J'aurai eu la chance de vivre ces dix années essentielles dans un enclos, une sorte de monastère entouré de champs et de bois. Ensuite et tout autant, je suis corse, antillais et parisien.

J'ai toujours été surpris de rencontrer chez certains de mes compatriotes corses et antillais ce besoin de s'identifier par retranchement, par exclusion et même par détestation. C'est pourtant un de mes compatriotes (corse) qui a écrit, sans doute après beaucoup d'autres : « On est de son village, de son canton, de son département, de sa province, de son pays » – et aujourd'hui de l'Europe –, sans exclusive. Il est vrai que, pour être tout à fait honnête, il y a eu une unité presque parfaite dans mes structures familiales récentes : même bourgeoisie intellectuelle, sans patrimoine financier, sans activité productrice, qu'elle soit commerciale, agricultrice ou industrielle. C'étaient des fonctionnaires ou des avocats, parlant donc la même langue, mettant les études supérieures dans le bagage indispensable et le tout dans le creuset parisien.

Mes identités différentes auront été en définitive un même long fleuve tranquille avec ses affluents. Ce ne serait peut-être plus vrai aujourd'hui et c'est pourquoi je vais finir ce livre songeur. En revanche, je n'aurai pas été un avocat rivière-tranquille, genre l'Aisne ou la Loire chère à mon cher Julien Gracq.

Relations difficiles, souvent tendues, souvent faites d'incompréhensions avec ceux que j'aurai le plus côtoyés pendant tant d'années : les magistrats. Les clients passent, les confrères changent, les magistrats restent, certes moins longtemps que du temps de mon grand-père Robert, mais tout de même.

Ce grand-père, c'est l'homme que j'aurai le plus aimé, respecté et admiré depuis tout petit. J'aurai vécu avec lui les cinq premières années de ma vie, puis entre quinze et vingt ans. Il était d'une immense distraction, il oubliait le nom et le visage des gens et il en était affreusement meurtri. Il est même allé à l'audience solennelle de la Cour de cassation, où il devait être intronisé conseiller à la première chambre civile, avec une chaussure marron et une chaussure noire !

Une autre fois, il a parcouru tout un trajet du métro – en deuxième classe évidemment – étonné que tout le monde le regarde. Bien sûr, tout noir, sourcils compris et cheveux et barbe carrés tout blancs, il avait l'habitude qu'on le regarde, mais, cette fois-là, cela avait été plus insistant. Ce n'est que rentré dans son appartement que Victoire, sa femme, stupéfaite, s'est rendu compte qu'il avait toujours, attaché au cou, son immense rabat-bavoir en dentelle étincelant de blancheur de conseiller à la Cour de cassation ! Personne ne lui avait fait dans le métro la moindre réflexion, personne n'avait ri, sans doute intimidé par son air de majesté et de sérieux bien qu'il fût bien petit.

Il n'était pas sérieux ce grand-père. Il éclatait de rire à propos de bien des choses. Pour faire un mot d'esprit, il se serait disputé avec un ami. Le prototype même du gaffeur. Des gaffes, à nous deux, nous en aurons fait des quantités. Pour son érudition, sa rectitude morale et surtout pour sa capacité d'enthousiasme, une grande admiration je conserve. Sa mort, à quatre-vingts ans, en 1963, bête, une grippe peut-être mal soignée par le bon docteur Parlier qu'il partageait – pas de chance – avec le général de Gaulle soi-même, sa mort m'a consterné plus que toute autre, même plus que celle de ma mère, précisément parce que sa mort n'avait rien eu de brutal ni de soudain. Elle est arrivée doucement, en quelques semaines, emportant un vieux monsieur, rien là que de naturel. Elle ne fut donc qu'affliction puisque je n'ai pas pu m'insurger contre l'injustice de la vie, ni me corseter l'âme comme lorsque ma mère s'est éteinte d'un coup comme une lumière.

Emprunter son identité professionnelle ? Ce petit monsieur qui chantait des airs d'opérette du début du siècle dans notre unique salle de bains et qui prenait soin de déchirer son ticket pour qu'il soit annulé en entrant dans le métro lorsque les machinistes faisaient fonctionner le métro alors que les poinçonneurs faisaient la grève, ce petit monsieur était un modèle d'honnête homme. Ce grand-père qui avait réalisé une carrière de magistrat extraordinaire aurait pu me conduire à le devenir. Cela ne s'est pas fait, je n'avais probablement pas la complexion fonctionnaire, et puis une école située à Bordeaux… Un grand-père aussi magistrat, dans tous les sens du terme, et moi pourtant si peu de rapport avec les magistrats dans toute une vie professionnelle, voilà qui est navrant !

Aujourd'hui que je suis plus vieux que le plus vieux des magistrats, je l'accepte, mais jeune j'ai toujours été malheureux de cette difficulté à communiquer avec les juges et les procureurs. J'ai souffert d'être perçu comme un empêcheur de juger, comme un intrus, comme un hostile, et pas seulement en matière pénale. Je perçois un corps solidifié, replié sur lui-même, qui se défie des avocats et dont les membres cessent de plaisanter ou de papoter dès que vous vous approchez. Si un magistrat tutoie un avocat, ce magistrat devient suspect pour ses collègues. Bref, on ne rigole pas ensemble, enfin moi je n'ai jamais eu ce privilège.

J'écarte bien sûr les exceptions qui font la règle.

Je suis très loin pourtant d'être de l'opinion de Maurice Garçon qui, dans son extraordinaire *Journal 1939-1945*, à la date du 17 mars 1939, écrit des magistrats[1] :

> Ils sont lâches, trembleurs et pusillanimes. Ils ont peur de leur ombre dès que se manifeste une intervention un peu puissante. Toutes les palinodies leur sont bonnes lorsqu'il s'agit de flatter le pouvoir. Leur prétendue indépendance dont ils parlent est une plaisanterie. Plus ils gravissent les échelons des honneurs, plus ils sont serviles. [...]
>
> Ils sont méchants d'ailleurs et passablement jaloux. Ils n'aiment pas les avocats et se passent la langue sur les lèvres lorsque l'un d'eux défaille.

Pour ce qui est de l'amour envers les avocats j'ai déjà dit : timidité, envie, mépris, distance, l'avocat reste l'intrus, mais pour le reste, cela n'est plus. La puissance de la corporation et la féminisation du corps ont tué la flagornerie et la soumission aux politiques. Les politiques sont aujourd'hui plus méprisés que courtisés. Pour ce qui est des femmes, elles sont infiniment moins sensibles aux avancements, aux décorations, aux honneurs.

1. *Op. cit.*, p. 21.

Le propos de Maurice Garçon a bien vieilli, mais l'École de la magistrature a fini par créer un état dans l'État, qui roule pour lui et pour lui d'abord. Il s'est créé un esprit de corps, que l'endogamie a évidemment aggravé. Immunité, inamovibilité, irresponsabilité, ce sont trois piliers de nos juges, et il faut être une personne de grande qualité pour ne pas un jour ou l'autre abuser de tels privilèges.

Le symbole de cet état d'esprit que je déplore aura été l'édification du splendide nouveau tribunal de Paris : il a été construit à la fois pour protéger les magistrats du monde extérieur et pour exclure le corps étranger que constitue le commun des avocats. Les circulations ont été conçues pour que, précisément, les magistrats ne croisent jamais les avocats et ne les rencontrent que sur invitation ou aux audiences.

Bien sûr, le métier de poursuivre au nom de l'État et de juger au nom du peuple français exige un apprentissage, une qualification qui doit s'acquérir, et je fais partie du très petit nombre d'avocats qui préfèrent les professionnels de la justice aux jurés amateurs. Mais l'École, ramenée à Paris évidemment, ne devrait accueillir que des personnes qui ont eu plusieurs années d'activités autres. Grâce à cela, on pourrait déjà réduire le déséquilibre entre femmes (80 %) et hommes, mais aussi rendre moins univoque la sociologie du corps et l'inclination des préférences politiques de sa majorité. Sans doute faudrait-il aussi mieux payer nos magistrats et, pour les mieux payer, faire payer les justiciables solvables.

Au bout d'une expérience de plus de cinquante ans, je confesserai que j'ai aujourd'hui plus de sympathie et de respect pour les magistrats des tribunaux de commerce, qui sont issus de la société civile, que pour les collègues de mon grand-père. À la réflexion, je suis d'une grande intransigeance avec les magistrats professionnels, je ne leur pardonne ni la paresse intellectuelle, ni la petitesse d'âme, ni l'incapacité d'indignation, je ne leur pardonne ni la médiocrité ni la méchanceté. Lorsque je suis confronté à de tels caractères ou comportements chez mes juges ou procureurs, j'éprouve toujours un sentiment d'humiliation.

Ce sentiment d'humiliation procède probablement de l'admiration que j'ai eue pour mon grand-père maternel Robert Attuly, modèle du magistrat tel que je l'ai statufié.

Jean-Pierre et Georges

Le pénal chez moi ne sera pas une affaire de talent mais une affaire de poker.

C'est en effet par le canal inattendu du jeu de poker que je suis entré dans le monde obscur et cadenassé du pénal.

L'un des joueurs était le directeur financier d'une entreprise qui sera, au début des années 90, heurtée de front par une vague de moralisation de la vie publique. Or il ne connaît aucun avocat, à l'exception de son adversaire des vendredis à partir de 22 heures 30. L'exception fera donc l'affaire.

Je parle du poker des temps anciens bien évidemment, celui d'avant le « baccara », le Vegas et les jeux en ligne, celui de Doc Holliday à OK Corral et de Edward G. Robinson dans les films de gangsters des années mythiques du cinéma noir américain, le poker qui se joue à cinq cartes fermées, qui se déroule dans une fumée de crassier, qui dure trois heures au moins pour chaque partie, qui vous fait passer des nuits complètement blanches au cours desquelles vous vous demandez comment on peut supporter de *ne rien voir* pendant des heures, perpétuellement dans l'attente du coup de bluff génial ou du coup de chance qui arrive parfois dans la soirée et parfois dans l'année.

Une exceptionnelle école à vous forger le caractère. Avant d'être un jeu d'argent, le poker est un jeu de psychologie. Le seul probablement. La technique s'apprend en quelques heures et savoir jouer s'apprend en plusieurs années. Certains ne sauront jamais bien jouer, d'autres joueront toujours plus mal que certains autres. Je reconnais que probablement je fais partie de cette deuxième catégorie et pourtant… cinquante années d'efforts ! Trop vite agacé, trop impulsif, trop « méchant », disent les mauvaises langues de la table.

Ma table de poker a été inventée par Jean-Pierre Bompard, surnommé le Migou[2] en raison de son effarante vitalité. Je dis ma table parce que pratiquement nous n'avons jamais joué que chez moi, et ceci depuis l'année 1968.

2. Le Migou, c'est le yéti de *Tintin au Tibet* (1960).

Jean-Pierre Bompard était ce garçon que j'ai rencontré, marié et père de famille, dans le bâtiment dédié aux couples d'étudiants de la cité universitaire d'Antony. Nous nous sommes croisés, reniflés et plus jamais quittés. Il m'aura tout fait : les nuits blanches de mai 1968, c'est lui, les nuits blanches du poker, c'est lui, les voyages sous la tente avec nos cinq enfants en Grèce, c'est lui. J'ai seulement évité les transports Antibes-Calvi sur un voilier de six mètres cinquante... Les pêcheurs de Calvi croyaient qu'il galéjait quand il leur disait avoir fait avec femme et enfants la traversée en trente-six heures.

La décision de quitter nos patrons respectifs en 1971 pour nous installer dans trois cent cinquante mètres carrés du boulevard Saint-Germain à trois avocats sans clients, c'est encore lui. Les repas au bureau avec Marie-Marlène pour cuisinière – une Mauricienne qui nous faisait des déjeuners d'empereur moins cher que nos femmes à domicile –, c'est lui, les parties de bataille navale qui commençaient tous les jours dans la cuisine du bureau sitôt le café bu pour se terminer sur le coup de cinq heures de l'après-midi, c'est encore lui.

Que les temps étaient faciles alors ! Entre réveil à onze heures du matin, repas et bataille navale, nous trouvions encore le temps d'avoir des clients, de les recevoir et de suffisamment nous occuper d'eux pour gagner notre vie et celle de nos familles respectives.

Jamais je n'ai rencontré de personnalité plus vivante. Jean-Pierre Bompard était trop grand, trop fort, trop bruyant, trop agité, capable de s'enflammer pour un propos politique ou un article du *Monde* qui le faisait s'étrangler. C'était l'homme intransigeant. De surcroît, l'un des meilleurs avocats que j'ai connus, car il avait les deux qualités innées du métier : le sens du droit et l'imagination, qualités essentielles qui malheureusement ne s'acquièrent pas.

Il a *inventé* notre poker. Notre poker parce que, en cinquante ans, à peine cinquante joueurs se sont assis sous la lampe de ma salle à manger. Le poker, lui l'avait appris au lycée Carnot alors qu'il y était pion, enseigné par trois ou quatre pions qui tous – comme c'est curieux – étaient corses. Il avait été le seul continental de ce groupe et il avait fini sans doute par les dégoûter, car on ne les a jamais vus à notre table.

Au poker il était proprement insupportable, il réussissait avec un jeu médiocre là où les autres échouaient, il imposait toutes les règles, surtout celles qui ne sont pas dans les livres et qui font qu'aujourd'hui encore, un demi-siècle après, on dit : « Si Bompard était là, t'aurais pas osé faire ça ! » Il catalysait l'envie ou la haine, passagères bien sûr, il était dès assis l'adversaire de tous, celui que tout le monde cherchait à faire perdre, parfois une coalition parce que, toujours, tout le temps, il moquait le perdant. Non seulement vous aviez perdu parce que vous aviez payé un coup qu'il ne fallait pas ou pas payé un coup qu'il fallait, mais, dans ce dernier cas notamment – les initiés comprendront –, il vous montrait son jeu en vous demandant : « T'avais pas 2 deux ? » Le tout dans le nuage de ses trois paquets de Gauloises sans filtre.

Il aura été le ciment de la partie, une partie qui, cinquante ans après sa fondation, se joue encore avec les joueurs d'origine, pour ceux qui restent vivants, car c'est évidemment une partie d'intimes dont ont été systématiquement et gentiment évincés tous les « professionnels » qui, égarés, venaient pour le gain.

Le poker m'a probablement appris la patience, l'humilité, la ténacité et la persévérance, et je n'aurais jamais pu courir le marathon si je n'avais pas appris la vie telle qu'elle est à ma table de poker. J'aurais sûrement été un avocat différent si je n'avais pas passé quarante nuits par an pendant quarante ans à jouer environ deux mille parties de poker pour essayer d'apprendre à jouer.

Quelques avocats, des journalistes, deux acteurs, un écrivain et scénariste, un restaurateur, un industriel, un imprimeur, un producteur de musique, un architecte, mon ami Édouard, directeur financier et un artiste peintre. Curieusement, tous ou quasiment tous sont venus du sud de la Loire, tous sauf celui que l'on appelle l'abbé, un élégant Savoyard ingénieur et entrepreneur high-tech que trois d'entre nous avions entraîné dans un poker alors qu'il somnolait au fond d'un long courrier de nuit de retour des Amériques. Un des plus gentils avait été surnommé par Bompard le « Gavial », ce crocodilien dont le bout du nez à fleur d'eau est un bon mètre avant les yeux. Arnaud, maître d'œuvre du bâtiment, avait pour habitude de passer avec un gros jeu pour mieux dévorer l'imprudent qui « ouvrait ». Il y avait aussi Ferdinand, qui se considérant comme plus impécunieux que les autres, ne jouait que très rarement alors que pendant vingt ans environ il n'a pas manqué une seule soirée assis derrière et silencieux.

Je vous parle de « ma » table de poker, mais évidemment c'est aussi celle de Julie. Vous n'imaginez pas combien de valeureux compétiteurs nous avons perdus parce qu'un jour leur épouse a sifflé la fin de la récréation ! J'ai eu pour ma part la chance inouïe d'avoir épousé en secondes noces une joueuse de poker quasi pro. Nous n'en aurons connu que deux et, chose miraculeuse, Jean-Pierre Bompard acceptait Julie à la table.

Une table de poker pas occasionnelle, mais régulière – pour nous hebdomadaire, tous les vendredis – c'est d'abord un rituel. Nous ne nourrissions pas les fauves, qui arrivaient après dîner, à jeun d'alcool, c'était mieux pour eux.

Chaque semaine, Bompard menaçait de refuser l'entrée à celui qui arriverait après dix heures et demie et il était systématiquement en retard, muni de ses trois paquets de Gauloises. Personne ne buvait d'alcool, sauf les exceptions qui en subissaient à la fin de la nuit les malheureuses conséquences. Tout le monde fumait, sauf Julie et un journaliste sportif de FR3, Michel, qui a fini par gagner cette guerre puisqu'on ne fume plus aujourd'hui que mal à l'aise, presque contrit, sauf moi qui ai recommencé à fumer après vingt ans d'abstinence, par nécessité de transgression, le jour où l'État a interdit la cigarette dans les lieux publics fermés.

Michel est le seul professionnel, au sens noble de ce terme. Il ne cherche évidemment pas à gagner sa vie au poker, mais à jouer en ligne. Il est le plus zen, le plus patient, celui d'entre tous qui fait le moins de fautes, sauf lorsque le mauvais sort s'acharne et alors là, la digue peut rompre, il perd dix fois plus que d'habitude et les joueurs attendent toujours ce moment trop rare.

C'est avec un autre journaliste de la télévision, Jacques, grand reporter d'Antenne 2, que je joue depuis le plus longtemps, depuis 1970 !

Combien de personnes voit-on chaque semaine onze mois au moins par an pendant quatre ou cinq heures depuis près de cinquante ans ? Pour comble, Jacques s'est établi en vacances dans mon village corse d'origine côté Calcatoggio, il y a fait construire une maison et, mieux encore, il a entraîné dans mon village un autre joueur journaliste qui, lui, vit à Calcatoggio huit mois par an. D'ailleurs, chaque année depuis 26 ans se déroule en Corse précisément une partie de trois jours où je ne gagne jamais ou presque, mais à laquelle participe un cousin de Calcatoggio qui le plus souvent me venge !

Souvenirs éternels de notre imprimeur Claude Taïeb avec lequel quelques-uns d'entre nous ont fait la dernière partie les jours qui ont précédé sa disparition. C'était le meilleur d'entre nous. Il ne savait ni nager, ni faire de vélo, ni conduire une automobile, tel mon ami Édouard, originaire comme lui du massif des Aures. Question de génération sans doute. Éternel Claude. Il a nourri des années de quolibets dont le plus mémorable aura été proféré par Jean-Pierre Bompard un jour où Claude est arrivé en retard : « Glisse ton chèque sous la porte et va te coucher. » Un autre jour, il y a des lustres, il a quitté notre table dans une éructation : « Ils manipulent ! » Mais il avait eu la rectitude, avant de claquer la porte, d'ajouter : « Sauf Versini ! »

Il y a des ayatollahs à notre table, notamment sur le sujet de la cigarette, comme notre éditeur de musique de jazz qui, après s'être brûlé les poumons pendant cinquante ans, a décidé un jour de quitter la table parce qu'il ne supportait plus la vue d'une cigarette. Il a tenu plusieurs années puis s'est remis à fumer et aussitôt il est revenu, souriant, comme si de rien n'avait jamais été.

Il y a l'industriel cent fois plus riche que la table réunie qui gagne trop souvent, mais qui, quand il perd, trouve le mot juste : « J'apprends à jouer. »

Et puis il y a les gentils, surtout parmi ceux qui nous ont quittés évidemment, Claude l'imprimeur, qui a été le pilier de la table pendant plus de trente ans, Dominique l'architecte, qui fulminait : « Je ne comprends pas, je suis le meilleur joueur de la table et je perds tout le temps. »

Une table de poker ordinaire, avec cette singularité qu'on y moque ceux qui perdent, qu'on insulte ceux qui gagnent et qu'on y refait le monde sans arrêt, au moins pour les choses essentielles : les femmes – même en présence de Julie – le rugby, le foot et la politique.

Le premier janvier 1980, au réveil du réveillon, coup de téléphone de Jean-Pierre Bompard : « On en fait une ce soir ? » Famille, enfants, j'ai refusé. C'est la dernière fois que j'ai entendu sa voix. Deux jours plus tard, on l'a retrouvé dans la chambre d'un hôtel de Montparnasse, il s'était paisiblement suicidé avec je ne sais quel barbiturique. Paisiblement, je maintiens, puisqu'avant de s'enfermer dans la chambre il avait acheté tous les journaux du jour, qu'on a retrouvés froissés.

Il avait trente-huit ans.

Sa femme et ses deux associés avocats, c'est-à-dire ses trois plus proches, n'ont pas été stupéfaits : il y avait à la fois quelque chose d'incompréhensible et d'inéluctable dans l'extravagante vitalité de Jean-Pierre Bompard. Pas de soucis financiers autres que normaux, pas de soucis de couple, des complications certes, mais les deux femmes de sa vie d'alors avaient fini par accepter après des années de souffrance de se le partager. Il avait deux fils que non seulement il aimait, mais dont, chose extraordinaire à l'époque, il s'occupait.

Plusieurs mois après sa mort, nous avons retrouvé dans un dossier une lettre manuscrite où Jean-Pierre Bompard écrivait à Michel-Pierre, notre troisième associé : « N'engueule pas Versini parce qu'il a laissé traîner son pistolet dans un tiroir et que j'ai taché partout, de toute façon j'aurais fait autrement. » Cette lettre était datée de décembre 1977. En 1978 il l'avait ressortie et il avait mentionné en marge : « décembre 1978, toujours d'actualité ».

Il s'est suicidé le 2 janvier 1980.

J'avais fait disparaître le pistolet de mon bureau, un pressentiment peut-être.

J'ai décidé pour ma part qu'il s'est agi d'un suicide métaphysique, parce que là au moins on ferme la porte à l'Inconcevable et à l'Inconnu. Le suicide est une forme d'éternité, parce qu'on est certain que l'on va rester figé dans la vie des autres. Quarante années après sa mort, il n'est pas une partie de poker où l'un d'entre nous ne l'injurie ou ne l'appelle à son secours.

Peut-être une manière de guérir la blessure que m'avait faite Jean-Pierre Bompard, dès sa mort j'ai commencé à courir. Il est vrai que tout Paris a commencé à courir à cette époque-là : Nike venait d'inventer la chaussure adaptée au macadam. J'ai couru 25 ans et j'ai réussi quinze fois à finir le marathon. Le marathon, en réalité, c'est un autre de mes amis, presque le pendant intellectuel et caractériel de Jean-Pierre Bompard, Georges Friedman. Je l'avais rencontré agent immobilier en 1969. Il m'a vendu l'appartement de cinq pièces, cent dix mètres carrés plus chambre de bonne que je louais alors boulevard Voltaire pour le prix de cent dix mille francs, c'est-à-dire seize mille cinq cents euros, soit au prix de cent cinquante euros le mètre carré (nous sommes à dix mille aujourd'hui !). Comme je n'avais pas le premier fifrelin pour réaliser une telle acquisition, j'avais revendu ledit appartement le même jour, deux heures plus tard, pour le double de son prix d'achat, mais cette fois libre de mon occupation évidemment.

Nous sommes, Georges Friedman et moi, devenus aussitôt copains. Il était à la fois le plus gentil, le plus courtois des hommes et le moins apte à la conciliation. Il allait toujours, tout le temps, à propos de tout, au bout du bout. « *No bargaining* », je ne transige jamais et si je suis le seul au monde à avoir telle opinion, je l'assumerai jusqu'à la fin des fins. Sainte femme qui a supporté une vie un tel obsessionnel perfectionniste !

Promoteur immobilier, il savait tout faire mieux que les professionnels eux-mêmes, trouver les financements, dresser les plans, négocier les marchés, promouvoir les ventes, tout mieux que quiconque. Il avait ainsi construit un ensemble immobilier dans la presqu'île du Cap-Martin et, pour ce faire, il avait fait déterrer et conserver dans d'énormes bacs cinquante oliviers millénaires pour ensuite les replanter, une opération titanesque qui avait fait la une de *Nice-Matin*.

Cet ensemble immobilier dont il était le promoteur a trouvé acquéreur pour le tout très vite, alors qu'on en était encore aux plans de la construction. Aussitôt l'immeuble fini et acheté, l'acquéreur, en pleine crise immobilière des débuts des années 90, avait fait faillite. Eh bien Georges a racheté son immeuble à la barre du tribunal avec l'argent que lui avait payé l'acheteur quelques mois auparavant parce que lui, il allait savoir le vendre appartement par appartement. Il mettra vingt ans à les vendre tous.

Il est mort en quelques semaines d'un cancer foudroyant alors qu'il allait partir pour Helsinki courir le Championnat du monde du 800 mètres dédié aux vétérans, il avait plus de soixante-quinze ans. Il a eu droit à une page entière dans la partie sportive de *Nice-Matin*.

Il aura été en effet un marathonien d'exception, alors qu'il avait commencé à mettre un pied devant l'autre à plus de quarante ans et qu'il avait toute sa vie fumé encore bien plus que moi. Le chef de service de la médecine du sport de la Pitié lui avait découvert un cœur de coureur cycliste professionnel de vingt ans et m'avait immédiatement intimé l'ordre – nous étions en 1980 – de ne pas essayer de le suivre à la course. Il aura réussi une prouesse sportive, 2 h 42 au marathon de New York à 52 ans, les marathoniens apprécieront. Cette exceptionnelle qualité physique complètement ignorée jusque-là l'avait rendu encore un peu plus maboul de performances. Performances et quatrains : il écrivait les dix dernières années de sa vie dix poèmes par jour.

À sa mémoire, je vous raconte une histoire juive qui est une histoire vraie. Son père et sa mère étaient arrivés juste avant la deuxième guerre de Ruthénie, en moto-side-car, des juifs d'Europe centrale comme on n'en fait plus. Ernest, le père, avait réussi à faire traverser la guerre à sa femme et ses cinq enfants en Ardèche, alors qu'il combattait dans le maquis et avait deux fois échappé à des camps où les gendarmes l'avaient serré avant le grand transport, qu'il avait donc évité. Bref, il détestait, et le manifestait, tous les policiers et gendarmes.

Devenu vieux, Ernest était acariâtre et, chaque fois que ses enfants ne répondaient pas favorablement à l'un de ses caprices, aller aux courses par exemple, il s'emportait et menaçait de tout plaquer ici pour partir mourir en Israël. Les enfants n'en croyaient rien évidemment sauf qu'un jour, ni Ernest ni maman n'ont répondu au téléphone. Georges s'est précipité vers la petite banlieue où ses parents vivaient dans un pavillon et a vu un grand panneau : « À vendre ». Toute la famille a été consternée mais a compris qu'Ernest avait mis son projet à exécution et qu'il était parti avec sa femme et ses bagages pour l'Israël. Aucun signe de vie pendant deux mois et puis un jour un coup de téléphone à l'aîné, Georges précisément :

– *Georges, viens me chercher.*

– *Tu as voulu aller à Tel-Aviv. Tu y es. Restes-y.*

– *Non, Georges, je peux plus, j'en peux plus, viens me chercher.*

– *Non et non !*

– *Si Georges ! Parce qu'ici même les flics ils sont juifs !*

Georges est donc parti en Israël récupérer papa et maman qui ont fini leur vie dans le pavillon dont il avait pu *in extremis* annuler la vente.

La morale de cette histoire, c'est probablement la force d'attraction du sentiment de minorité. À Tel-Aviv, Ernest ne pouvait plus à plaisir agonir policiers et gendarmes.

Un jour que je m'en étais ouvert à Georges, j'avais tenté de débattre avec lui de la question fort pertinente de savoir pourquoi on traitait toujours de l'antisémitisme, mais jamais du philosémitisme. Moi, ai-je tenté de lui expliquer, je me considérais comme un parfait exemple de philosémite pour la raison simple que j'appartenais à une et même à plusieurs minorités. Il m'a répondu : « Le philosémite est un antisémite qui s'ignore. Le seul qui me plaît est celui qui ne sait pas que je suis juif et qui, s'il l'apprend, s'en fout. »

LE PRINCIPE ET L'OPPORTUNITÉ

L'assassinat du coiffeur

De 1965 à 1995, c'est-à-dire pendant trente ans, j'aurai été un avocat commercialiste inconnu, financièrement aisé, mais très éloigné des prétoires qui font une « célébrité ». Pendant cette période longue et assez paisible, je n'ai traité qu'un seul dossier pénal.

J'écris *période paisible* parce que je m'étais organisé, grâce à une clientèle commerciale que deux amis de lycée avaient réussi à me constituer, à avoir une année d'avance d'honoraires : je facturais en 1980 par exemple le travail accompli pendant toute l'année 1979. Je dormais donc tranquille. L'un de ces clients était une petite banque, la BCP, qui allait être emportée par la crise immobilière des années 1992-1995, laquelle allait d'ailleurs entraîner également la liquidation de cinq ou six banques immobilières d'importance nationale et finalement le rachat par un établissement concurrent du Crédit foncier lui-même. Avec la liquidation de la BCP a disparu son propriétaire, probablement le dernier banquier français au sens du XIXe siècle. Aujourd'hui, qu'une banque soit petite ou grande, on n'a plus jamais affaire à un banquier mais à des employés de banque.

Pendant ce temps-là m'est advenu pourtant un dossier singulier, l'affaire d'un coiffeur pour dames assassiné à Ajaccio en 1983. J'ai été choisi par le frère et les filles de ce coiffeur, un frère qui était un continental et qui ne connaissait rien à l'île. On pourrait trouver cette affaire judiciaire anecdotique et pas indispensable à mon propos, mais je ne suis pas de cette opinion. C'est une affaire corse, spécifiquement corse, presque symbolique à bien des égards. Et il m'est apparu que quelqu'un devait la raconter avant qu'elle soit dissoute dans l'oubli. Et puis ce fut la première fois que je me suis posé la question du principe et de l'opportunité.

C'est une affaire qui a bouleversé la Corse après l'avoir stupéfiée, la première et peut-être la seule affaire d'un « civil », si je peux utiliser cette expression, qui ait été tué par de supposés nationalistes. Il y avait bien eu un restaurateur ici, un vétérinaire là, mais c'étaient à ce que l'on disait des personnes qui avaient pris parti, qui s'étaient impliquées suffisamment dans la politique corse pour avoir été considérées comme des adversaires de ceux qu'on appelait déjà les « natios ».

La victime était un continental d'origine vosgienne qui portait un patronyme germanique, un nom du Grand Est : Schock.

Il n'avait jamais fait de politique, il n'était en rien impliqué dans tel ou tel mouvement anti-autonomiste, clandestin ou non, et il exerçait depuis quarante-cinq ans la profession de coiffeur à Ajaccio, où il avait je crois deux salons de coiffure très connus. Un monsieur qui était arrivé dans l'île vers 1938 et qui avait marié une Corse originaire de Bastia, à laquelle il avait fait deux filles, corses autant qu'on peut l'être quand on est né dans l'île d'une mère corse et qu'on vit dans l'île. Et puis il s'était séparé de sa femme, avait fondé une seconde famille, mais était resté à Ajaccio, patron de ses salons.

Il s'agissait là assurément d'un Corse, appartenant à une « communauté de destin », comme il se dit aujourd'hui.

Un jour de l'hiver 1983 il a disparu, puis on a retrouvé son corps dans un terrain, en contrebas d'une route. Il avait été tué d'un coup de fusil tiré à bout touchant et, sur son vêtement, l'assassin avait accroché un petit papier : « Affaire Schock terminée ».

Schock n'était le symbole de rien qui puisse être rattaché à la lutte des nationalistes pour l'indépendance de l'île et personne n'a – à ce moment-là – imaginé pourtant qu'il ait pu être tué par d'autres que les nationalistes, victime du refus de payer l'impôt de la « cause ».

On aurait essayé de le mettre à contribution et, comme c'était un Vosgien massif et courageux, très courageux même, il avait refusé de payer l'impôt et plus tard refusé le racket qu'on avait tenté de lui imposer. Il aurait donc été liquidé. Pour l'appareil policier et judiciaire, cela ne faisait pas de doute et pour les journalistes non plus. Il avait en effet averti la police de menaces reçues, il avait même participé à un simulacre de paiement de rançon. La police était aux aguets sur la route du rendez-vous, les racketteurs s'en étaient rendu compte, ils ne s'étaient pas manifestés et la manœuvre policière, ayant été éventée, avait échoué.

Pour tout le monde, le FLNC se serait donc vengé. Qu'allais-je faire dans cette galère !

J'avais été désigné parce que la famille ne connaissait pas d'avocat, qu'on lui avait dit que j'étais un plutôt bon avocat et que j'avais un patronyme corse. La partie civile, c'est-à-dire le frère et les filles de la victime, souhaitait choisir un avocat corse, mais un Corse hors la ville, hors l'île. C'est tombé sur moi.

Affaire criminelle impliquant le Front de libération nationale corse, réputé dangereux et meurtrier à l'égard des Corses eux-mêmes. Intérêt professionnel nul, puisque je n'avais d'attache ni avec la criminalité de sang, ni avec le pénal en général, ni avec la Corse judiciaire. Raisonnablement, béotien comme je l'étais, j'aurais dû refuser.

Le Préfet de police de l'île était le déjà fort célèbre monsieur Broussard. J'ai fait sa connaissance dans l'avion qui nous transportait à Ajaccio pour la reconstitution de l'enlèvement avant le crime. Moi, je savais qui était Broussard, lui, pas du tout qui j'étais. Juste un encore jeune avocat qui défendait la famille Schock. Pas sûr qu'il ait retenu mon nom.

Nous avons causé de choses et d'autres et, pour faire l'averti, je lui ai demandé si l'ouverture de l'Union européenne n'allait pas entraîner des difficultés policières avec les populations de l'Est. Il m'a répondu que les difficultés policières allaient naître du « radicalisme mahométan ». Il y a plus de trente-cinq ans.

Reconstitution, parce que l'assassin avait été rapidement arrêté et ses trois complices également. Évidemment l'exploitation par la police judiciaire des écoutes téléphoniques. Broussard et moi avons assisté à une tentative de reconstitution à l'endroit où l'assassin avait « kidnappé » Schock, endroit qui, curieusement, portait mon nom patronymique : place César-Campinchi. C'est la place du marché d'Ajaccio, derrière la mairie et devant le port de commerce.

Reconstitution tout à fait inutile dès lors que l'assassin a refusé de quitter sa prison et a conservé, pour faire conforme aux usages, un silence total. On s'était dispensé d'aller sur le lieu de l'assassinat.

Le FLNC avait immédiatement, par son canal habituel de communication, déclaré qu'il n'était en rien concerné par cet assassinat. Personne ne l'avait cru puisqu'un membre de son appareil clandestin ou supposé tel, un instituteur qui portait un nom curieux, était mis en cause. En réalité, mais cela ne s'est dégagé que petit à petit et lentement, il ne s'agissait pas du tout d'une opération punitive organisée par le FLNC mais d'une sordide affaire de racket, non pas politique, mais crapuleuse, organisée par un voyou qui, dix ans plus tard, a été retrouvé criblé de balles dans un règlement de comptes de gangsters en plein cœur d'Ajaccio. Christian Battesti, originaire de mon canton. Il était accompagné d'une jeune femme aussi brune que jolie, dont je ne livrerai que le prénom puisqu'elle vit probablement encore, Marie-Luce. Ces deux-là étaient les racketteurs, un peu pour le compte du Front dans le cadre de l'impôt révolutionnaire, mais pour l'essentiel à leur propre bénéfice.

Et puis il y avait deux benêts : l'instituteur idéaliste que les deux premiers avaient réussi à convaincre que Schock était un ennemi de la Cause et l'assassin lui-même, un jeune homme sûrement subjugué par la Marie-Luce, laquelle avait réussi à le convaincre que Schock le coiffeur pour dames était un traître, un délateur, un informateur de la police. L'assassin, qui n'était pas membre de l'appareil clandestin, mais aspirait à l'être, a donc accepté d'être le fléau de justice. Il aspirait d'autant plus à être considéré comme un nationaliste qu'il avait à prouver sa ferme corsitude, sa mère étant une Kabyle. Lui, il portait le nom patronymique de son père, il n'était pas né en Corse, peut-être ne parlait-il pas la langue aisément, mais il avait hâte d'être accepté comme un militant.

Marie-Luce l'avait sûrement vampé, l'avait convaincu. Il avait enlevé le « traître » un soir d'hiver en plein Ajaccio et il l'avait assassiné quelques dizaines de minutes plus tard dans la périphérie de la ville. « Affaire Schock terminée ». Justice, selon l'assassin, avait été rendue.

Il est passé aux assises quelques années plus tard, à Paris où le dossier avait été déplacé par crainte de manifestations nationalistes – ce qui était idiot. Il a pris vingt ans et ma fille Pauline, la benjamine, qui avait seize ans à l'époque et qui voulait voir plaider son père aux assises au moins une fois dans sa vie, était évidemment en larmes à l'annonce du verdict, tellement l'assassin ressemblait à un bon garçon. Il est passé tout seul aux assises, assassin solitaire, hors sol, lui qui n'avait en rien participé aux opérations de racket et qui était inconnu au bataillon des militants actifs du Front. Une quinzaine d'années après les faits, Xavier Crettiez mentionne ce dossier peu ordinaire dans *La Question corse* :

> Pourtant l'affaire Schock, du nom d'un coiffeur assassiné en 1983 par un militant du FLNC pour avoir refusé de payer l'impôt, illustre la volonté individuelle de certains secteurs du mouvement de s'autonomiser et de racketter pour leur propre compte sans en référer à la direction[1].

Ceci est excessif, donc inexact. De mon point de vue, l'instituteur militant s'était fait embarquer comme l'assassin par les beaux yeux de la Marie-Luce.

L'assassin est passé seul aux assises parce que l'instituteur militant et le couple de voyous, Battesti et Marie-Luce, avaient été, eux, renvoyés devant le tribunal correctionnel, en 1985 je crois, et ceci à Ajaccio où ils étaient poursuivis pour extorsion de fonds par violences et menaces.

Déjà le piège des écoutes téléphoniques, opérées à partir du téléphone fixe de monsieur Schock : menaces réitérées, exigences chiffrées, appels répétés.

L'institution judiciaire a parfois de ces pudeurs qui surprennent. Ainsi, on renvoie l'assassin aux assises et les deux autres « complices » de l'assassinat – l'instituteur

1. Xavier Crettiez, *La Question corse*, Bruxelles, Éditions Complexe, 1999, p. 123.

n'y étant probablement pas pour grand-chose – en correctionnelle seulement pour extorsion et racket.

Un matin donc de 1985, je débarque à Ajaccio et rencontre pour la première fois monsieur Schock, frère de la victime, un homme de plus de soixante-quinze ans autant que je me souvienne. Taille moyenne mais massif, il marche avec beaucoup de difficulté, s'aide d'une canne, problèmes de hanche pas opérée. Un homme qui parle lentement et doucement, mais très déterminé à voir poursuivis et condamnés les assassins et les complices – et pas seulement de racket.

Je relis le dossier criminel, enfin les pièces que j'ai apportées avec moi, et je décide alors de faire le parcours de nuit, le parcours de l'assassin, de la place César-Campinchi au cœur d'Ajaccio à ce chemin creux sur la route d'Alata qui figure sur les photographies prises par la police. D'abord, je mets bien vingt minutes, pourtant en pleine nuit, pour atteindre l'endroit. Alata est une petite agglomération sur une colline au nord d'Ajaccio, proche, mais dont la route n'est pas tout le temps bornée par des bâtiments.

On a déjà quitté la banlieue d'Ajaccio, les maisons sont plus espacées et, avant de monter la côte pour atteindre Alata, il y a sur la gauche un vaste espace arboré, pas seulement de maquis, mais de chênes et d'autres grands arbres. Et puis brusquement, je vois le chemin creux qui descend sur la gauche, c'est le seul sur cette petite route, je le descends, en voiture, dix mètres, vingt mètres peut-être et un gros arbre. C'est là. C'est là que Schock a été tué, la photo du dossier ne ment pas, il y a le même arbre au milieu d'un terrain plat comme une petite clairière. On est complètement invisible de la route. Il y avait moins de maisons alentour qu'aujourd'hui. Un coup de feu, un seul. Des témoins diront qu'ils ont entendu au loin un coup de feu mais on est en hiver, la chasse est ouverte, peut-être un essai de fusil avant d'y aller, à la chasse. Personne ne se lève ni n'alerte la maréchaussée.

L'assassin est d'un village de montagne, loin d'Ajaccio, il n'habite pas du tout par-là, mais Christian Battesti, lui, connaît l'endroit. À proximité, il a loué pendant quelques mois un Mobil-home. Battesti est donc le complice. Évidemment, les deux autres extorqueurs sont susceptibles d'être impliqués. Mais il n'y a pas que ce chemin « invisible » pour qui n'a pas de photographie de l'endroit et de ses accès et pour qui n'est pas familier du lieu, il y a en plus les vingt minutes ou même les trente minutes du voyage. Et puis l'assassin est certes jeune mais ce n'est pas Schwarzenegger. Il apparaîtra beaucoup plus tard aux assises de la Seine presque fluet, alors que lorsqu'on voit des photos de Schock le coiffeur, on voit son frère, la difficulté de marche en moins : une épaisseur, une force de paysan lorrain. C'est manifeste, l'assassin n'a pas pu maîtriser et tenir seul le coiffeur qui se savait gravement menacé et qui ne pouvait qu'être sur ses gardes. Dès lors, ils étaient nécessairement deux ou même trois. Mais Battesti a nié, Marie-Luce a nié, l'assassin n'a rien dit du tout et la justice a considéré que la justice serait tout de même rendue. La justice certes, mais monsieur Schock frère et son avocat totalement inexpérimenté ont considéré le contraire. On va donc demander le renvoi des trois racketteurs aux assises de la Seine.

Ensemble, moi l'aidant à monter la rue qui mène au palais de Justice d'Ajaccio qui, comme beaucoup en France, jouxte la prison, nous arrivons en retard à ce palais de Justice qui ressemble à tous ceux construits avant 1914, un très grand vestibule au rez-de-chaussée et les salles d'audience qui l'entourent. La salle correctionnelle est la plus grande, sur la gauche en entrant dans le palais. Pleine d'hommes, de tous âges, pratiquement pas de femmes à part Marie-Luce et la greffière peut-être. Nous nous frayons un chemin vers le banc des parties civiles devant l'estrade des magistrats et l'audience commence. Je demande à prendre la parole, le président me l'accorde courtoisement et, sans avoir prévenu ni les avocats des accusés, mes contradicteurs, ni le procureur de la République, je demande l'interruption immédiate de l'audience et une décision de renvoi aux assises des deux hommes et de la femme qui sont debout devant moi, et je reste sourd aux exclamations et aux protestations.

L'ingénuité de l'inexpérience fait que quand on ne sait pas, on ne doute pas. Et puis j'avais déjà adopté que le principe doit passer avant l'opportunité. Aussi, pendant une heure, peut-être deux, je vais raconter ce monsieur de quatre-vingt-dix kilos qui se débat à l'arrière d'une petite voiture, qui envoie des coups de pied partout, qui pousse des cris, je vais raconter le conducteur qui tient peut-être un revolver qu'on n'a jamais retrouvé, et qui ne peut conduire que d'une main sur une route aussi étroite que sinueuse, et qui passe les vitesses – au fait, comment passe-t-il les vitesses ?

Je raconte que peut-être en fait il a été assommé, monsieur Schock, avant d'être jeté dans la voiture, mais alors comment met-on un homme inanimé de plus de quatre-vingt-dix kilos dans une petite voiture, seul ? Je raconte le chemin dissimulé, quasiment invisible la nuit si on ne connaît pas les lieux. Je raconte Battesti familier du lieu en revanche, complice actif, et peut-être Marie-Luce au volant, je raconte et je suis convaincu d'être convaincant, j'éprouve le syndrome de l'avocat qu'a décrit René Floriot, histoire savoureuse que m'a racontée un confrère de Bastia :

> Avant le procès, j'en prends pour vingt ans, pendant le procès ça s'améliore, après la condamnation : c'est une horrible erreur judiciaire. Entre-temps, je me suis écouté plaider.

Cette formule n'est pas réservée au défenseur de l'accusé, elle est transposable à celui de la partie civile. Les débats seront longs, très longs, mes contradicteurs violemment opposés à ma demande, le procureur inaudible. Le président me rappellera qu'il faut que j'écrive un mot de conclusion pour demander un renvoi aux assises, j'écris fébrile sur mes genoux et, après un bref délibéré, le tribunal passera outre et retiendra l'affaire sans renvoyer personne aux assises. Grandeur et servitude du métier d'avocat.

Aussi, à la tombée du jour, le procès des extorqueurs peut enfin commencer. Mais il y a d'abord une suspension de l'audience parce qu'il faut mettre en place un système audio compliqué pour écouter les bandes d'interceptions téléphoniques où on entendra les menaces et les exigences de Battesti, l'insistance de Marie-Luce et la voix âpre et inquiète de monsieur Schock. Glaçant. Pendant la suspension, on déambule et je me rapproche du chef de l'opération-écoutes. C'est un policier, Ange Mancini, qui est, me dira-t-on, le directeur régional de la police judiciaire en Corse sous les ordres de Broussard. Il finira lui aussi préfet. On cause de tout et de rien et brusquement, il me dit d'un air narquois, mais en tout cas souriant : « Si on ferme les portes de la salle, il n'y a plus de FLNC en Corse, ils sont tous là ! »

C'était l'époque des nuits bleues à répétition qui ont précédé de quelques années le temps des assassinats endogènes. Le FLNC, pour un avocat corse mais parisien fort peu aguerri par l'expérience du métier qu'il exerce, c'est un nom qui est craint ! Je remarque alors les crânes rasés, les airs martiaux et tendus. Mancini ajoute : « Ils ne sont pas là pour Battesti, mais pour l'instituteur. » Je respire un peu, j'ai peu accablé monsieur l'instituteur dont le rôle n'est assurément pas certain dans l'assassinat, mais tout de même, j'ai tenu le parquet (au sens propre, pas le procureur qui usurpe l'estrade) pendant toute l'après-midi.

L'audience va se terminer vers une heure du matin. La salle toujours noire des mêmes, à peu près tous vêtus de noir. Les condamnations tomberont ensuite, sévères pour Battesti, Marie-Luce et l'instituteur, mais elles tomberont plusieurs semaines plus tard.

À une heure du matin, le tribunal se retire pour prendre le temps précisément de délibérer et la salle se vide, tout le monde sort, les gardiens de la paix en uniforme, les prévenus, les magistrats, la greffière et Ange Mancini, et tout le public. Nous restons seuls, monsieur Schock frère et moi, parce que mon client a du mal à se déplacer. Nous sommes seuls, dans une salle entièrement vide, lorsque nous nous dirigeons vers la porte qui, à ce moment-là, est fermée. J'ouvre la porte et tout est noir, toutes les lumières du vestibule sont éteintes, mais le vestibule est noir d'hommes en noir ! Ne reste au fond que la lumière de la rue qui vient de la porte du palais, et cette porte me paraît à cet instant bien étroite et bien lointaine.

Le public de la salle est en train de refaire l'audience à voix basse et en langue corse. Nous apparaissons et tous, peut-être cent cinquante ou deux cents personnes, se taisent. Un instant de surprise et nous avançons, mon Schock clopin-clopant et moi, nous sommes dans un film de Francesco Rosi, la foule se fend au fur et à mesure que nous avançons vers la porte et elle se referme lentement derrière nous deux.

Les conversations à voix basse reprennent. Nous sortons dans la rue. Pas une interpellation, pas un sarcasme, pas une réflexion. Respect pour le frère de la victime. Respect peut-être un peu pour l'avocat qui prend la parole pour la victime. Les Corses sont définitivement des Latins.

Cette expérience sera sans lendemain, je ne plaiderai en correctionnelle que cinq ans plus tard et il s'agira d'affaires financières. Pour ce qui est des assises, je n'y retournerai que vingt ans après.

L'affaire Urba

Édouard, mon partenaire de poker, cherche un avocat. Il n'en connaît qu'un, celui avec lequel il passe une nuit d'eau gazeuse et de cigarettes chaque semaine, tous les vendredis même le jour de Kippour. Édouard est en effet un des directeurs d'une société de prestations de services aux entreprises de travaux publics dans leurs relations avec les municipalités, le groupe Gifco.

Nous sommes en 1992, quelques années après la grande décentralisation de Defferre, ministre de l'Intérieur de Mitterrand. Les pouvoirs de décision d'investissement ont été transférés par les fonctionnaires de l'État, qui n'obéissaient jusque-là qu'aux préfets de la République, aux maires et à leurs conseils municipaux. Or les municipalités, sauf les très petites communes, ont toutes des étiquettes politiques, et qui dit étiquette politique dit parti politique, et qui dit parti dit financement des partis. Aussi, certains mauvais esprits ont suspecté que le financement des partis pourrait peut-être provenir d'entreprises de bâtiment et de travaux publics, en contrepartie de marchés ou d'obtention de permis de construire.

On dira que les mauvais esprits, à l'époque bien sûr, n'avaient pas complètement tort.

Il est vrai que dans ces temps anciens, la République n'avait rien prévu pour financer la politique en France. Les partis politiques reposaient exclusivement sur les cotisations de leurs membres, la vente de certains journaux partisans, la générosité de certains donateurs fortunés qui pouvaient sans limites alimenter la caisse de différents partis – de droite de préférence, mais pas seulement – et, pour le parti communiste, sur le désintéressement de ses militants et de ses élus et sur la vente du muguet. Quelques délateurs anonymes – les pères nourriciers de beaucoup de dossiers de pénal financier – et la machine judiciaire – avec à sa tête quelques magistrats régicides – s'est mise en branle, et c'est ainsi qu'ont commencé dans toute la France des procès qui ont fini par emporter nombre de maires, de conseillers municipaux, d'intermédiaires et d'intervenants, et d'entreprises du bâtiment et des travaux publics. Il s'est trouvé que même la plus importante du moment, la Société auxiliaire d'entreprise, a vu son directeur général envoyé en détention provisoire, le premier avant bien d'autres.

Le plus connu de ces dossiers énormes qui se sont terminés par des procès-fleuves et des condamnations relativement symboliques est celui dit Urba, du nom d'un « bureau d'études » qui aurait organisé auprès de diverses entreprises le prélèvement d'une dîme de 2 à 4 % du montant des marchés publics, ceci pour financer le Parti socialiste.

Heure de gloire d'un inspecteur de police, Antoine Gaudino, qui met la main en 1989 sur les cahiers

Delcroix. Joseph Delcroix, apparatchik socialiste, consignait en effet de sa petite écriture méticuleuse les entrées et les sorties de fonds, les payeurs et les bénéficiaires.

Jour de gloire d'un juge d'instruction du Mans, Thierry Jean-Pierre, qui perquisitionne un dimanche matin le siège de la société Urba à Paris. Il se fait aussitôt dessaisir par sa hiérarchie sur instruction du ministre de la Justice, dont le ministre délégué Georges Kiejman déclarera qu'il s'agissait là d'un « cambriolage judiciaire ».

On n'imagine même pas aujourd'hui que de telles réactions du pouvoir exécutif contre l'autorité judiciaire puissent se produire, aujourd'hui que ladite autorité envisage chaque semaine d'envoyer un chef de parti politique ou un quelconque ancien président de la République devant le tribunal correctionnel. Dessaisi, le juge Thierry Jean-Pierre sera remplacé par un magistrat instructeur qui est probablement encore aujourd'hui le plus connu du pénal financier, Renaud Van Ruymbeke. Ce dernier perquisitionnera le siège du Parti socialiste et renverra un « éléphant » du parti, monsieur Henri Emmanuelli, devant le tribunal correctionnel.

Nombreux sont les avocats qui éprouvent de la sympathie pour RVR (Renaud Van Ruymbeke) parce que pendant les années de feu de la répression de la délinquance en cols blancs, c'est-à-dire les années 1980-1990, il n'enverra jamais un mis en examen en détention provisoire pour obtenir de celui-ci des aveux. Un cas rare.

Plusieurs procès seront engagés dans le sillage de la grenade Urba/Cahiers Delcroix, et notamment l'un d'entre eux à Paris. Pour la première fois, fortuitement, grâce à mon ami Édouard, j'entre dans le domaine réservé du pénal financier. Pour la première fois alors que nous sommes en 1992 et que je suis avocat depuis près de trente ans déjà. Édouard a vanté auprès de la direction du groupe Gifco – dont les patrons de deux petites filiales sont renvoyés en correctionnelle pour avoir joué, les accuse-t-on, au même jeu qu'Urba – une spécialisation pénale dont il me gratifie alors qu'il ne me connaît que comme joueur de poker.

Plusieurs semaines de débat, des réquisitions implacables du procureur de la République, des plaidoiries percutantes et cependant, pour moi, une défaite complète habillée en victoire. En effet mes clients, patrons des filiales de Gifco, et leur brillant avocat ont si peu convaincu les trois juges du tribunal correctionnel de Paris que les sociétés qu'ils dirigeaient ne participaient pas au financement du Parti communiste français qu'ils ont été entièrement relaxés au bénéfice de l'amnistie Rocard ! En 1988, Michel Rocard, alors Premier ministre de Mitterrand, avait en effet entrepris d'organiser un financement officiel sur fonds publics des partis politiques, considérés à juste titre comme les pierres de soutien de la démocratie parlementaire. Il avait fait voter parallèlement une loi portant amnistie de toutes les supposées irrégularités de financement précédemment commises, dès lors que les auteurs ne pouvaient pas être soupçonnés de s'être personnellement enrichis. C'est ainsi que, sans avoir jamais envisagé, désiré ni choisi de devenir un avocat pénaliste, je suis devenu tel, enfin superficiellement, au hasard de quelques grands dossiers médiatisés En cinquante-cinq années de vie professionnelle, je n'aurai pas traité en fait plus de cent dossiers pénaux. Le reste, c'est-à-dire l'essentiel, ce sont des conflits entre actionnaires ou des conflits entre commerçants.

Aussi – question d'identité toujours – je me suis souvent senti parmi les « pénaleux » dans la position du soldat juif allemand de la guerre 14-18, celui qui, tué, repose sous l'étoile de David de granit noire, dans le cimetière militaire allemand, dans la même enceinte engazonnée comme un green de golf que tous ses compagnons d'armes, mais décalé hors champ, hors de l'alignement rectiligne des croix de granit noires.

En ce temps-là, les avocats des personnalités politiques étaient leurs amis politiques, qui pouvaient exercer la profession d'avocat dans bien d'autres domaines que le pénal financier et qui se faisaient par conséquent très vite déborder par les juges d'instruction et les procureurs. Les avocats des chefs d'entreprise étaient pour leur part essentiellement les conseils juridiques desdites entreprises, avocats tout à fait compétents face aux magistrats commerciaux, mais qui ne comprenaient rien au mode de fonctionnement de la magistrature répressive et perdaient donc souvent et confiance et pied. Les uns et les autres ont fait la fortune des « ténors du barreau », parisiens pour l'essentiel, une trentaine d'avocats pour faire large, y compris les bâtonniers, tous ou quasiment étant des anciens du pénal dit crapuleux. Ceux-ci avaient appris le métier à défendre braqueurs de banques, souteneurs, violeurs, trafiquants de drogue, escrocs et quelques assassins. Évidemment, comme dans toute chose, les exceptions qui confirment la règle se reconnaîtront aisément.

Ces spécialistes du pénal crapuleux, payés, à l'époque, en billets de banque, sont rapidement devenus incontournables dans les dossiers financiers parce qu'ils savaient parler aux juges d'instruction, aux policiers et aux procureurs, ils les connaissaient, et parce que pour certains – ceux qui ont le mieux réussi dans la carrière –, ils avaient ouvert le Livre qui est avec la Bible le plus sujet à interprétation et controverse : le Code de procédure pénale.

Le Code de procédure pénale a ceci de saisissant que toutes ses évolutions répressives sont systématiquement et immédiatement contestées par les avocats, et que toutes ses évolutions en faveur des libertés individuelles ou du procès équitable sont contrebattues par les magistrats comme autant d'entraves au cours de la justice et comme autant de pièges à feu mis à la disposition des avocats, qui sont prêts à tout pour défendre leurs clients délinquants.

La fin des années 80 et le début des années 90 a été l'âge d'or de la procédure pénale, vu du côté des avocats, parce que certains d'entre eux – au premier chef desquels se trouvait Olivier Metzner – ont eu l'intelligence d'appliquer systématiquement les prescriptions du Code dans les procédures financières, alors que les juges d'instruction spécialisés dans le pénal financier connaissaient mal la matière procédurale. Autrement dit, Metzner et d'autres ont soulevé nombre de nullités de procédure au regard de textes que personne n'avait lus, et quantité de dossiers sont partis aux archives des affaires mortes parce que tel juge d'instruction avait oublié de respecter tel délai ou telle prescription.

Bravo l'artiste ! Mais c'étaient les temps anciens. Aujourd'hui, les erreurs stupides de procédure ne sont plus commises par les magistrats et la chambre criminelle de la Cour de cassation est de plus en plus myope quand il s'agit d'examiner les violations du Code de procédure pénale. Pour ce qui était de moi, je ne savais strictement rien de la procédure pénale, mais, en feuilletant le Livre, je découvrais avec effarement, consternation et parfois indignation que ce qui y était écrit était trop souvent soit méconnu, soit interprété dans le sens contraire de ce qui était écrit. Par exemple, si une prescription du Code en faveur du mis en cause n'est pas respectée mais qu'il n'est pas expressément écrit qu'elle est prescrite à peine de nullité de la procédure, elle restera lettre morte. Absence de sanction se traduit par autorisation pour les magistrats de ne pas respecter les règles édictées.

Pour prendre l'exemple le plus voyant, citons l'article 803 du Code de procédure pénale. Il est facile à retenir, c'est l'un des tout derniers du Livre. Il dispose :

> Nul ne peut être soumis au port de menottes ou des entraves que s'il est considéré soit comme dangereux pour autrui ou pour lui-même, soit comme susceptible de tenter de prendre la fuite.

Or tous les détenus provisoires sans exception qui déambulent dans les palais de justice pour se rendre devant leur juge d'instruction ou pour se rendre devant le tribunal qui va les juger sont menottés et, le plus généralement, ils sont menottés dans le dos. Il est vrai que le Livre n'a pas précisé que là, cela relèverait plutôt d'un acte de torture.

Si vous interrogiez le policier ou le gendarme chef d'escorte, il vous regarderait étonné : pour lui, la pose des menottes c'est la règle, un point c'est tout.

On pourrait, du Code de procédure pénale en matière financière et économique particulièrement, faire un code à l'envers. Par exemple :

– la présomption d'innocence, c'est la présomption de culpabilité ;

– la garde à vue, c'est un moyen d'extorsion de l'aveu ;

– la détention préventive, c'est une peine anticipée ;

– l'instruction à décharge, cela n'existe que dans les livres et, si vous n'avez pas un bon avocat, l'instruction ne sera qu'à charge ;

– la preuve de la culpabilité qui incombe à l'accusation, c'est en réalité la preuve de l'innocence qui incombe au dénoncé ;

– le secret de l'instruction, c'est le scoop de certains organes de presse.

Ceci entre autres.

Aussi je me suis très vite conduit comme le Huron de Voltaire et cela s'est probablement vu. Pourtant j'ai fait des efforts. Ainsi, j'ai pris comme mentor le meilleur des pénalistes, précisément Olivier Metzner. Pendant dix ans il ne s'est pas passé cinq jours sans que je le consulte. Il s'est trouvé en effet que le hasard de la vie a voulu que des clients me confient des dossiers pénaux que j'ai partagés avec lui, de gros dossiers financiers souvent compliqués. Et quand bien même je ne pouvais pas partager, je ne manquais pas de le consulter, à n'importe quel moment de la journée, et il s'interrompait toujours pour me rendre le service de répondre à tout. Il savait tout de la procédure pénale. En revanche, il n'a jamais pris le risque de me faire entrer dans un de ses propres dossiers. Comme le Huron l'aurait fait, un jour je lui ai demandé le pourquoi et sa réponse ne m'a pas surpris :

– *Tu es imprévisible, donc dangereux.*

Dangereux pour qui ? Pour ses clients ? assurément il le pensait. Pour lui ? Peut-être un peu, par contagion.

J'ai en effet côtoyé Olivier Metzner pendant sa seconde période professionnelle, celle où trafiquants de cocaïne et braqueurs de banques étaient oubliés, celle au cours de laquelle il aura été, avec quelques autres, un des avocats importants de l'*establishment* économique et financier en France. Ceci avant la troisième période, celle du show-biz, de l'affaire Cantat et de l'affaire Bettencourt – mais il est vrai qu'à ce moment-là nous étions brouillés. Dans une déjà fort longue vie professionnelle, je n'avais jamais été bien certain de la sorte d'avocat qu'exactement j'étais, mais en tout cas je n'étais pas un avocat conforme, conforme à rien.

Très rarement agressé par les avocats ou les magistrats, respecté, oserais-je même dire, mais sans jamais savoir si ce respect valait reconnaissance du professionnel ou crainte que le Huron puisse faire quelque chose d'imprévu. Tout ceci, vu aujourd'hui de mon tabouret, est excessif. Aujourd'hui que les années passées ont solidifié les choses, les avocats, les magistrats et mes clients se sont probablement fait une idée figée de quel avocat je suis. Moi je me pose encore la question. Serais-je un avocat de rupture ? Dans le sillage de Jacques Vergès ? Certes non ! Vergès déplaçait quand il le pouvait le débat du terrain étroitement juridique au terrain politique, au terrain sociétal, au terrain ethnique et même au terrain historique. Ce talent-là, je ne l'ai pas et je n'ai jamais essayé de singer le grand fumeur de cigares, le dernier après Winston.

Je conserve de Jacques Vergès un souvenir trivial : nous avons entrepris l'un à côté de l'autre le voyage de Dakar il y a une quinzaine d'années, pour aller défendre un cacique de l'ancien gouvernement sénégalais violemment brimé par le nouveau. Alors que j'étais de quinze ans son cadet – il avait déjà plus de 80 ans – j'avais été étonné de dormir, enfin... moi d'essayer de dormir, dans l'avion à côté d'un enfant : pas un souffle, pas un déplacement, pas même un mouvement, et réveillé d'un coup, comme les bébés. Moi, abruti de fatigue, je me suis entendu présenter à la descente de l'avion par maître Vergès : « Mon ami Versini. Il est beaucoup plus vieux que moi, mais il se maintient bien ! » Il avait déjà le cigare aux lèvres.

Une culture, un talent, un esprit, une finesse a disparu avec lui.

Serais-je alors un avocat qui « cible l'homme », selon la formule d'un bâtonnier parisien ? Un avocat qui chercherait à atteindre la personne de l'homme ou de la femme pour déstabiliser le magistrat ? C'est tout à fait inexact et je tairai donc le nom du bâtonnier. La personne du magistrat m'est parfaitement indifférente, et ceci même si j'apprends que ce magistrat est un militant syndicaliste ou le membre d'une secte quelconque. Je n'ai jamais attaqué que l'acte commis et exclusivement l'acte, bien sûr par des moyens judiciaires.

Très tôt j'ai eu la conviction qu'en matière financière, l'institution judiciaire répressive trouve d'abord le coupable et qu'ensuite seulement elle part à la recherche du délit qu'il a pu commettre. En ce temps-là le délinquant, c'est le chef d'entreprise. Il est dénoncé par une supposée victime, souvent un concurrent, parfois un délateur, et si l'infraction qu'il est supposé avoir commise n'est pas avérée, on cherche autre chose, on cherche partout, on finit par trouver un ABS, c'est-à-dire, pour les non-initiés, la commission par ce chef d'entreprise d'un abus de biens sociaux, ce qui veut dire en français vulgaire un acte contraire aux intérêts de l'entreprise qu'il dirige, et ceci dans son intérêt personnel. Vaste programme, qui explique la longueur infinie de nombre de procédures. Tant qu'on n'a pas trouvé, on cherche, et si on ne trouve rien, on conserve, sait-on jamais.

C'était avant, c'est peut-être moins vrai aujourd'hui. Aujourd'hui, celui qui me semblerait subir un tel traitement pourrait plutôt être l'élu, le « politique ». L'exemple le plus notoirement extravagant est sans doute la mise sur écoute au mois de septembre 2013 et pendant des mois d'un ancien président de la République pour, a-t-on dit, essayer de trouver la preuve d'un financement de campagne présidentielle clôturée sept années auparavant, en 2007. On a bien fini par trouver autre chose. En tout cas, il faut en être resté à la Troisième ou à la Quatrième République pour croire l'autorité judiciaire aux ordres du pouvoir politique. Je ne suis pas certain qu'elle soit toujours impartiale, mais indépendante de l'Exécutif, assurément. Contester, attaquer l'acte commis par le magistrat s'il est irrégulier, cela peut paraître évident, mais cela ne l'est pas toujours. Lorsqu'on se trouve confronté à une violation de la loi ou à un comportement irrégulier du magistrat dans l'exercice de ses fonctions, on rencontre chez les avocats deux ou même trois comportements différents.

Ainsi, première démarche, on le signale à la personne et on espère qu'une autre fois ou bien dans d'autres circonstances du dossier le magistrat vous en saura gré. C'est la forme atténuée, feutrée, d'un chantage : j'ai été gentil avec vous, merci de vous en souvenir.

Deuxième démarche, elle consiste à ne rien dire du tout pour conserver de bonnes relations avec le magistrat.

La troisième est de considérer que la défense du principe doit prévaloir sur le choix de l'opportunité : on peut réagir ? on doit réagir.

C'est certainement ce que j'ai fait en 1998 dans un volet du dossier Mouillot, du nom de ce maire de Cannes qui a fini par être condamné pour différents délits financiers. Le juge d'instruction avait alors mis en détention préventive, dans l'un des volets de l'affaire Mouillot, un de mes clients, pour le motif véritable et suffisant qu'il était promoteur immobilier. Mon client avait été libéré à peine quinze jours plus tard par décision de la cour d'appel puis, des années après, reconnu totalement innocent et définitivement relaxé. Cependant, au cours de l'instruction, un journaliste m'a communiqué une lettre du juge d'instruction adressée à monsieur Bernard Tapie, de laquelle il résultait que le juge informait monsieur Tapie d'éléments de ses propres dossiers qui n'avaient strictement aucun rapport avec celui qui concernait Mouillot et mon client.

Ce magistrat informait Tapie qu'il avait recueilli des informations peut-être utiles pour lui en entendant par interrogatoire, dans notre dossier, un témoin banquier. C'était indéniablement une violation caractérisée et grave du secret de l'instruction pénale. Mon client – capitaine d'entreprise courageux – a accepté qu'on réagisse. Un avocat à la Cour de cassation que j'ai sollicité a accepté d'intervenir à mes côtés et nous avons demandé, mon confrère et moi, la récusation du juge d'instruction et son remplacement. Mon confrère avocat à la Cour de cassation a fait des recherches sur les précédents qui correspondaient au cas qui nous occupait. Il n'en a point trouvé depuis Napoléon.

Il nous a fallu, pour conforter le dossier de récusation présenté à la chambre criminelle de la Cour de cassation, rapporter une preuve que ce juge d'instruction et Bernard Tapie se connaissaient. Mon client a donc accepté de financer une enquête de police privée pour recueillir les déclarations de restaurateurs de l'aéroport de Cannes. Le rapport de police privée a été versé au dossier de la Cour de cassation, les éléments de ce rapport pris en considération et, quelques semaines plus tard, la chambre criminelle a prononcé la récusation du magistrat instructeur et l'a dessaisi au profit d'un juge d'instruction de la ville voisine. Fin de l'histoire.

Longtemps, en aparté, des confrères qui m'aimaient bien m'ont dit que cela ne se faisait pas, que certes cela avait fonctionné mais que j'avais peu d'avenir, etc. L'éternel débat du choix de l'opportunité contre le choix du principe.

L'affaire Robert Hue, Secrétaire Général du Parti communiste français

Le problème, c'est que j'ai recommencé, et c'est à l'occasion d'une autre récusation de magistrat qu'Olivier Metzner et moi nous nous sommes un peu brouillés. Oh ! pas au point de cesser de nous congratuler quand nous nous rencontrions, mais nous avons cessé d'essayer de nous rencontrer. C'est là que l'on retrouve mon ami Édouard et le groupe Gifco que j'avais quitté en 1992. Cette fois, c'est un dossier instruit par un juge d'instruction parisien, et quel juge d'instruction ! madame Laurence Vichnievsky, qui a connu de grands dossiers financiers pendant la décennie 90.

Nous sommes alors dans les années 1995-2000. Cette magistrate est aussi souriante que courtoise, aussi courtoise qu'imperméable aux explications de nos clients. Je dis nos clients parce qu'il y a du monde : deux niveaux de cadres du groupe Gifco auquel appartient mon ami Édouard. Olivier Metzner est l'avocat du premier niveau, celui des cadres commerciaux, et sa grande compétence est très appréciée, alors que je suis pour ma part l'avocat de l'état-major constitué des quatre dirigeants de Gifco, dont mon ami Édouard. Il y a des entreprises de bâtiment et de travaux publics, mais il y a aussi les politiques membres du Parti communiste français, au premier chef desquels le secrétaire général lui-même, Robert Hue, défendu par Jean-Paul Teissonnière alors bâtonnier de Bobigny. Enquête de police et instruction laborieuse, épuisante : tout financement du Parti communiste par le groupe Gifco est catégoriquement nié et les preuves sont non pas ténues, mais absentes. Cependant, police et juge d'instruction ont la conviction qu'il y a eu un financement et le magistrat instructeur renvoie tout le monde devant le tribunal correctionnel de Paris.

Cette instruction, des tomes et des tomes d'interrogatoires et de pièces comptables, se termine par une anecdote que les protagonistes me pardonneront de rapporter parce que c'est un moment d'humanité simple. Le dernier de mes clients entendu par madame Laurence Vichnievsky est mon ami Édouard. Il est assis en face du juge d'instruction, le bureau les sépare. La juge Vichnievsky n'est pas seulement courtoise, c'est aussi une dame et mon ami Édouard, qui est français donc galant, tournicote sur sa chaise. Signature apposée sur les différents procès-verbaux, il s'adresse au magistrat :

– *Madame, je voudrais ajouter quelque chose.*

La juge, qui est en train de signer à son tour les procès-verbaux, lève son stylo :

– *Oui Monsieur, je vous écoute.*

Peut-être une fraction de seconde croit-elle à un aveu :

– *Madame le Juge, je tiens à vous exprimer mes remerciements pour avoir écouté mes explications jusqu'au bout même si je sais que vous ne les prenez pas pour vraies. Je vous remercie de m'avoir traité avec respect, sans jamais laisser paraître une ombre de mépris ou d'agacement à mon égard.*

– *Mais Monsieur ! Je vous ai traité comme je le dois, comme je traite toutes les personnes que j'entends !*

Seulement la surprise est telle que les yeux de madame Vichnievsky se mouillent de saisissement à cette réflexion totalement inattendue. Ce que voyant, Édouard se tamponne à son tour les yeux, et moi, toujours bêtement émotif, j'en ai aussi les larmes aux yeux. Tout cela prendra trente secondes d'une vie, mais ni Édouard, aussi vieux monsieur qu'il soit aujourd'hui, ni moi, qui suis encore plus vieux que lui, n'oublierons cet instant suspendu.

Le procès Robert Hue/Gifco s'ensuit, cinq semaines d'audience. Robert Hue assiste à toutes les audiences. La grande salle de la 17e chambre correctionnelle de l'ancien Palais de justice de Paris, choisie à cet effet, est remplie de militants et de sympathisants et les bancs de la presse sont aussi encombrés que les bancs des avocats. Audiences sages. Le président, qui est une femme, dirige sereinement les débats comme la grande professionnelle que nous connaissons, puisqu'elle préside depuis longtemps la chambre correctionnelle spécialisée en matière économique et financière. Elle préside sereinement, parce qu'il n'y a pas de contradiction de sa part. Les mis en cause protestent les uns après les autres de leur totale innocence et les magistrats écoutent les uns après les autres avec d'autant plus d'attention qu'ils ne semblent pas croire un instant à ce qui leur est dit. Enfin, c'est comme ceci que le ressent le pool des avocats de la défense qui fait face aux trois magistrats.

Des condamnations nous paraissent inévitables, notamment pour le secrétaire général du Parti communiste, Robert Hue, qui risque d'être condamné pour recel de trafic d'influence, ce qui veut dire pour lui une condamnation à l'inéligibilité pour plusieurs années. Nous sommes à l'avant-veille des réquisitions du procureur de la République et Olivier Metzner m'apostrophe :

– *Si tu avais un peu de mémoire, tu devrais te rappeler que la présidente a déjà jugé quasiment le même dossier en 1992, le dossier Urba, pour lequel tu étais l'avocat des deux filiales de Gifco : celles qui ont bénéficié de l'amnistie précisément parce qu'il avait été jugé qu'elles avaient bien financé le Parti communiste français.*

Je reste stupéfait, je ne me souvenais que très vaguement d'un président masculin.

– *Elle était le second assesseur, donc l'un des trois magistrats !*

Seul Olivier Metzner pouvait avoir conservé un tel souvenir, alors qu'il n'était même pas à mes côtés à l'occasion de mes premières armes de pénaliste en 1992. J'agonis d'injures le plus jeune d'entre nous, Hervé Tourniquet, auquel je fais le reproche de n'avoir pas vérifié si le jugement d'amnistie de 1992 était bien au dossier de l'affaire de l'an 2000. Il me réveille dans la nuit suivante et, d'une voix blafarde, me dit que le jugement y est bien, mais que la dernière page du jugement, celle sur laquelle doit figurer précisément le nom des trois magistrats qui ont jugé, manque.

Théorie du complot : on a arraché la dernière page pour cacher le nom du second assesseur en 1992, devenu le président en 2000. Absurde, complètement absurde. Une erreur de reprographie qui a échappé à tout le monde parce que la dernière page du jugement de 1992 ne présente aucun intérêt – sauf d'y trouver mention du nom de la présidente. En tout cas, la porte nous est ouverte pour demander le dessaisissement de la présidente et par conséquent l'interruption du procès. Cette fois, ce n'est plus la Cour de cassation qui a compétence pour récuser, mais le premier président de la cour d'appel de Paris. La question est soumise à Robert Hue et aux cadres du groupe Gifco par Jean-Paul Teissonnière et moi. Nous soutenons qu'il y a là un cas flagrant de « partialité objective », au sens de la Convention européenne des droits de l'homme, dès lors que tout le monde peut comprendre qu'un magistrat qui a déjà jugé en 1992 – même comme simple assesseur – que le groupe Gifco finançait le Parti communiste français au point d'avoir fait bénéficier ses filiales concernées de l'amnistie Rocard, que ce magistrat ne peut pas présider en toute impartialité – gage suprême du procès équitable – un autre tribunal qui va se poser à propos de faits exactement semblables la même question : le groupe Gifco finance-t-il le Parti communiste français ?

L'un d'entre les avocats s'oppose à la présentation d'une requête en récusation. C'est Olivier Metzner. Il fait valoir que ce n'est pas opportun à la toute fin d'un procès qui jusque-là ne s'est pas mal passé. Opportunité quand tu nous tiens ! Peut-être, nous dit-il, l'un d'entre nous pourrait-il habilement rappeler à madame la présidente qu'elle a précédemment déjà connu cette affaire et déjà jugé ce qu'on lui demande aujourd'hui d'apprécier, peut-être que cela pourrait la conduire à faire preuve d'une mansuétude d'autant plus justifiée que la situation ainsi créée est délicate. Il se chargerait d'exprimer ce message subliminal. Il emporte la décision de Robert Hue, tout le monde s'incline, Jean-Paul Teissonnière et moi prenons acte de cette décision collective de nos clients respectifs.

Le lendemain, réquisitoire sévère du procureur de la République : prison avec sursis, amende et surtout dix ans d'invalidation électorale pour le secrétaire général du Parti. Dès la sortie, la décision inverse est prise par Robert Hue : on récuse ! Olivier Metzner plaide à Pau, ce qui nous évite un débat, la nuit est caféinée, personne à cette époque ne manie aisément les concepts de procès équitable que la Cour européenne des droits de l'homme forge laborieusement. Nos clients signent leurs requêtes en récusation, que Jean-Paul Teissonnière et moi déposons le lendemain au premier président de la cour d'appel de Paris. Reste à informer de la chose la présidente et ses deux assesseurs, qui sont deux dames. Réaction de stupeur puis de colère. Péniblement, nous expliquons que nous avons le plus grand respect pour les magistrats mais que nous sommes dans un cas chimiquement pur de déjà jugé – c'est-à-dire de « préjugé ». Pas un instant nous ne laissons supposer que la présidente, elle, se souvenait qu'elle avait déjà connu de l'affaire. Je suis d'ailleurs encore aujourd'hui tout à fait convaincu que, huit ans après le premier dossier, elle avait tout autant que moi oublié l'affaire Urba.

Nous plaidons une partie de l'après-midi, non pas le dossier de nos clients respectifs, mais celui de l'institution judiciaire, et nos arguments sont retenus par les journalistes de la presse judiciaire. Le lendemain, ils concluent tous que nous avons probablement raison. Le premier président a-t-il lu la presse ? Le surlendemain matin, la sanction tombe : récusation de la présidente du tribunal au visa des dispositions de la Convention européenne des droits de l'homme.

Le procès devra être entièrement recommencé.

L'audience se tient tout de même l'après-midi pour entendre la présidente clore les débats. La salle est remplie, beaucoup plus encore que d'habitude. Aux premiers rangs les places assises sont occupées par un grand nombre de magistrats, certains dans leur costume d'audience, d'autres en civil. Mes confrères me disent leur nom. Je suis celui qui en connaît le moins, mais le parquet de Paris et l'instruction sont là, ainsi que des juges d'autres chambres correctionnelles.

Ils sont tous là au soutien muet de la présidente de la chambre correctionnelle.

Je trouve ceci – encore aujourd'hui – consternant. La décision de récusation émane du haut magistrat qui avait le devoir de se prononcer, elle est fondée sur son analyse des dispositions légales applicables et évidemment sur son analyse des faits. Cette décision ne porte aucune atteinte à l'honneur ni à la considération du président de la chambre correctionnelle. Elle interrompt seulement le procès de prévenus qui ont comparu cinq semaines durant, alors qu'il vient d'être jugé par le premier président de la cour de Paris qu'ils ne devaient pas comparaître. Et pourtant, ces prévenus et leurs avocats subissent le regard courroucé de tout un aréopage de juges et de procureurs. La tension est forte, Olivier Metzner ne peut plus se contenir et, à l'instant même où la présidente déclare l'audience renvoyée *sine die*, il se dresse et, d'une voix suffisamment audible pour être entendue dans toute la salle, il lui déclare :

– *Madame, j'étais contre votre récusation !*

Mon ami Édouard, signataire avec tous les autres de la requête, me glisse :

– *Je lui casse la gueule maintenant ou j'attends la sortie ?*

Il plaisantait, il ne se passera rien de funeste à la sortie de la salle d'audience, mais disons qu'Olivier Metzner a dû faire face à une petite bronca qu'il a calmée en expliquant que son fonds de commerce était dans la salle, qu'il y allait avoir une prochaine fois et que peut-être l'appareil judiciaire pourrait alors vouloir prendre, sait-on jamais, une revanche… Était-ce donc opportun de demander la récusation ? L'avenir aurait à le dire… L'année suivante, l'avenir l'a dit. Devant une chambre différente, avec d'autres juges et un autre procureur, cinq semaines d'audience sont recommencées et, le 15 novembre 2001, il est enfin mis fin à ce dossier entamé depuis sept ans. Robert Hue et le trésorier du Parti communiste sont déclarés innocents et relaxés. Les directeurs généraux, dont mon ami Édouard, sont également déclarés innocents et relaxés. Certains des clients que défendait Olivier Metzner sont légèrement condamnés pour des délits mineurs. Je date tout de même de cette récusation le relâchement des liens qu'Olivier Metzner et moi avions noués depuis dix ans, souvent autour de mémorables bordeaux. Il n'aimait que le bordeaux. La morale de cette histoire pourrait être encore que lorsque l'on doit choisir entre le principe et l'opportunité il faut toujours choisir le principe. C'est plus sûr.

Le principe ici, en vérité, c'est la loi. Lorsque donc on poursuit le principe, c'est que l'on cherche à ce que la loi soit appliquée par le juge. C'est parfois difficile et c'est une des raisons qui conduisent les avocats à demander à la presse son aide. Une aide trop souvent indispensable, par-delà toute question de vanité personnelle. Les avocats d'aujourd'hui n'ont rien inventé en demandant l'aide des journalistes. Ils sont simplement confrontés à la même problématique judiciaire – toute n'étant pas confondue bien sûr – qu'a rencontrée l'avocat de Dreyfus lorsque l'*Aurore* a publié le *J'accuse*.

J'accuse votre refus d'appliquer la loi.

L'INJUSTICE

L'affaire de l'Angolagate

Quand on est éloigné du monde des avocats ou lorsqu'on est encore très jeune, on s'imagine que les dossiers qui feront une réputation vous viennent par une suite logique d'événements, collaborateur du patron qui compte, assiduité aux manifestations, colloques, entretiens de toute nature, publications d'articles, engagement dans les organisations professionnelles, mondanités, même. C'est peut-être vrai pour certains d'entre nous, mais, pour moi, complètement faux : je n'ai jamais « fréquenté » les avocats, seulement quelques amis que j'avais parmi leurs membres, et je n'ai jamais pu trouver le courage, à défaut de l'envie, de participer à la vie de la profession, sauf sur le tard et bien mal m'en a pris, mais c'est une autre histoire dont je dirai un mot. Les dossiers qui, chez les avocats de ma génération élargie, ont laissé un trait de mémoire, me sont échus par le hasard pur. Je n'en citerai que trois, parce que les affaires dont il s'agit ont près de vingt ans d'âge et que le temps apaise les choses, mais ces affaires sont des accidents majeurs du travail judiciaire, des accidents dont ont été victimes des innocents.

La première est l'affaire dite de l'Angolagate, la deuxième, celle de Buffalo Grill et la troisième, l'affaire Maurice Agnelet.

L'Angolagate, pour moi, c'est une rencontre fortuite au début de l'hiver 2000 avec Jean-Christophe Mitterrand, fils aîné du président de la République. Ce dernier est mort à peine depuis quatre ans quand un jeune confrère, qui cohabite avec moi sans que nous soyons associés, me présente un de ses amis qui est une relation de Jean-Christophe. Il me le présente parce qu'il fait encore moins de pénal que moi.

Jean-Christophe Mitterrand n'a pas le goût d'alerter les très nombreux avocats « amis de Papa » et s'accommode d'un parfait inconnu qui est un ami d'ami. Il vient de faire l'objet de la part d'un juge d'instruction, qu'il me décrit long et maigre comme un moine inquisiteur du XVe siècle, d'une perquisition à propos d'une vente d'armes de guerre à laquelle il n'a rien compris. Le dominicain en cravate, c'est le juge Philippe Courroye, fraîchement arrivé de Lyon au pôle financier de la justice d'instruction à Paris.

Jean-Christophe Mitterrand doit être entendu. Béotien que je suis, j'imagine et je lui dis qu'il sera vraisemblablement interrogé par le juge d'instruction. Cela me paraît naturel, s'agissant du fils d'un président de la République française dont la mère, donc la veuve du président, vit encore. C'était oublier l'esprit civique et égalitaire de notre juge : Jean-Christophe sera convoqué vers le 22 décembre 2000 au matin – sans assistance d'avocat à cette époque-là – à une garde à vue rue du Château-des-Rentiers, siège de la brigade financière.

La première heure, Jean-Christophe a tout dit : il a reçu de l'argent d'une société de monsieur Pierre Falcone en rémunération de conseils qu'il dit lui avoir donnés sur la géopolitique de l'Afrique noire. Il ne savait pas que Pierre Falcone aurait été intermédiaire de ventes à l'Angola d'armes en provenance des pays de l'Est. Il n'ajoutera rien d'autre pendant dix ans, parce qu'il ne sait rien d'autre.

Il reste en garde à vue, la nuit d'horreur de l'hôtel de police étant pour le juge d'instruction un passage obligé. Le lendemain, tard dans la soirée, je retrouve dans une cellule du Palais de Justice un homme épuisé, presque hagard, qui trouve pourtant le moyen de me sourire et qui me demande d'une voix étranglée : « Ils vont me mettre en prison ? »

Mes collaborateurs et moi avons consulté pendant les deux heures qui nous ont été octroyées un dossier de cinq ou six tomes. J'ai retenu que les délits graves seraient des ventes d'armes à l'Angola qui se seraient déroulées entre l'année 1993 et la fin de l'année 1995. Nous sommes en 2000, il y a donc déjà entre cinq et sept ans. Je connais mieux mon Code de procédure pénale maintenant et la détention provisoire, ai-je appris, doit être l'unique moyen – unique, a écrit le législateur – d'empêcher le mis en examen de fuir la France, d'éviter le renouvellement de l'infraction, d'empêcher des pressions sur des témoins, etc. Un moment plus tard, toutes les cases auront été remplies par le juge pour décider que l'ordre public impose d'envoyer Jean-Christophe Mitterrand en détention à la maison d'arrêt de la Santé. Le juge est assisté d'une jeune femme, co-juge d'instruction de cette affaire, qui est madame Prévost-Desprez. Ils défraieront l'un et l'autre – mais cette fois l'un contre l'autre – la chronique judiciaire à l'occasion des péripéties de l'affaire dite madame Bettencourt.

Avant le départ pour la Santé, il faut accomplir une formalité. Le juge d'instruction doit recueillir l'état-civil du futur détenu qu'il vient de mettre en examen pour complicité de trafic d'armes de guerre et pour ABS – le bon vieil abus de biens sociaux – qui aurait été commis au préjudice de la société de Pierre Falcone, société dont celui-ci est évidemment l'unique associé avec peut-être son chat et son canari.

– *Nom de la mère : Gouze.*

– *Prénom : Danielle.*

– *Nom du père : Mitterrand.*

Le juge lit sur son écran le document pré-rédigé par son greffier.

– *Prénom du père ?*

C'est une interrogation !

Monsieur Courroye n'a pas pu s'empêcher de sortir une vachardise, même si à cet instant précis il a devant lui un homme en morceaux qu'il va envoyer en détention. Une vachardise de juge d'instruction ne disqualifie pas seulement celui qui la profère, mais toute l'institution qui tolère en son sein ce type de comportement.

– *Prénom du père ?*

Je pique une crise, la première. Mots aigres-doux, violents. Le juge me dit qu'à ce train j'ai peu d'avenir, je lui rétorque qu'il a l'âge de ma fille aînée et que donc moi : « *No future !* » Première crise, parce qu'il y en aura immédiatement après une seconde, lorsque l'escorte de policiers va mettre à Jean-Christophe Mitterrand, qui s'est levé pour être emmené, les menottes. Je revitupère, poursuis, en robe, l'escorte dans le corridor, intime l'ordre que lui soient enlevées les menottes parce que la loi – article 803 du Livre-Bible – l'impose. Le chef d'escorte hésite, me dit que le juge doit le lui demander. Nous retournons donc dans le cabinet du juge :

– *C'est de la responsabilité du chef d'escorte.*

– *Le chef d'escorte attend votre recommandation.*

– *C'est de sa responsabilité…*

Madame Prévost-Desprez, courageusement, se tient coite et Jean-Christophe Mitterrand repart menotté, mais le lendemain, au parloir de la Santé, il me dira que les policiers l'ont détaché aussitôt après avoir quitté le corridor du juge, dès l'ascenseur.

Nous sommes le 23 décembre 2000, monsieur Courroye et madame Prévost-Desprez partent en congé de Noël dès le lendemain. Ce sera leur dernière mise en détention provisoire, une des dernières probablement sur décision d'un juge d'instruction en matière financière. Le 1er janvier 2001 en effet, la loi a changé : le juge d'instruction a perdu ce pouvoir d'airain, il devra désormais présenter une demande au juge des libertés et de la détention.

Certains d'entre eux ont abusé de leur pouvoir à tel point que tous les juges d'instruction ont fini par s'en faire déposséder.

Jean-Christophe Mitterrand sera libéré par une décision de la cour d'appel intervenue huit jours plus tard, monsieur Courroye n'était peut-être pas encore rentré de ses vacances. Mais, sans doute pour ne pas humilier le juge d'instruction, la cour a conditionné la libération à un paiement de 5 millions de francs (750 000 € environ). Ainsi, « vous ne deviez pas être mis en prison, mais vous devez payer pour en sortir ». J'appelle cela une rançon et j'ai le tort de le dire à Danielle Mitterrand, qui répète la formule devant un groupe de journalistes alors qu'elle se présente avec des chèques au greffier : « Je viens payer la rançon. » La presse, qui unanimement soutient le juge d'instruction, se déchaîne.

J'obtiens alors de Jean-Christophe, aisément, qu'il reste quelques jours de plus en détention, une petite semaine, en espérant que les médias s'apaiseront, en espérant qu'il ne sera pas déchiqueté. Il y consent, car, après tout, à la Santé il est à l'abri, comme entre parenthèses. Deux journalistes vont prendre sa défense et poser la question de sa culpabilité dans un trafic d'armes. Ce sont deux journalistes importants, Pierre Pean et Pierre Georges, qui écrivent dans *Le Monde*. La presse étant versatile et suiveuse, lorsque Jean-Christophe sortira de la prison de la Santé, il faudra installer des barrières devant la porte pour contenir micros et photographes du monde entier. Jean-Christophe Mitterrand n'est pas devenu un héros, bien sûr, mais par son comportement il a fini par attendrir, et puis on se pose clairement la question : qu'a-t-il fait qui ait pu justifier ce traitement ?

Installer des barrières dans la rue de la Santé prend du temps, une heure, peut-être deux. Je patiente dans les couloirs, Jean-Christophe patiente avec sa valise dans sa cellule. L'ennui aidant, j'interpelle un gros gardien, un gradé, proche de la retraite. Je lui demande finement :

– *Il a été sympathique Jean-Christophe, et gentil avec vous ? Vous avez été content de l'accueillir ?*

– *Oh pas content ! pas content,* grommelle-t-il.

J'insiste, il continue :

– *Pas content !*

Je réinsiste :

– *Pourquoi n'êtes-vous pas content ?*

Il me répond :

– *Sa mère !*

Je pose la question :

– *Quoi sa mère ? Elle n'est pas venue le voir ? Elle est venue, mais elle a été désagréable avec les gardiens ?*

Et il me dit :

– *Ah non, très gentille ! Mais elle l'a vu ici, là où nous sommes ! Elle n'aurait pas dû descendre, elle aurait dû le voir dans le bureau du directeur.*

La reine !

Pour ce gardien et ses subordonnés, madame Danielle Mitterrand incarne la monarchie. Ce qu'était incapable de comprendre le juge d'instruction, le populaire l'avait bien compris : le fils du roi doit évidemment être puni s'il a commis des méfaits, mais il ne peut pas être traité comme n'importe quel sujet du royaume, et le directeur n'avait pas à humilier les gardiens de la prison en obligeant la reine à descendre dans les caves sales et sombres où ils vivent, eux, avec les détenus.

La France est un très vieux pays qui a la mémoire longue.

L'affaire de l'Angolagate a été l'un des échecs les plus désastreux de l'institution judiciaire – ou plutôt de l'un de ses juges d'instruction – de ces dernières années. Les premières semaines de janvier 2001, mon confrère William Goldnadel avait trouvé dans le dossier du juge la pièce qui ruinait toute sa démonstration : une réponse du secrétaire général de la Défense nationale qui indiquait qu'il ne lui semblait pas possible que le délit de trafic d'armes de guerre puisse avoir été commis puisqu'aucun des matériels militaires achetés pour l'Angola aux Soviétiques et aux Tchèques n'avait « mouvementé sur le territoire national ». Certes, des crédits bancaires consentis à Pierre Falcone, l'intermédiaire, ou à l'Angola avaient été mis en place par BNP Paribas, mais, précisément, le juge n'avait jamais beaucoup recherché l'éventuelle responsabilité pénale de cet honorable établissement financier.

Presque en même temps que William Goldnadel, un jeune avocat, Guillaume Weil-Raynal, auquel j'avais confié la mission d'éplucher le dossier de procédure, avait trouvé dans les procès-verbaux signés par le juge d'instruction un acte de procédure antidaté. J'ai convaincu William Goldnadel et d'autres avocats des mis en cause, Christian Charrière-Bournazel, Gilbert Collard, Lef Forster et Jacques Trémolet de Villers entre autres, d'aller au fond du sujet :

– demander l'annulation du procès-verbal par la cour d'appel ;

– déposer une plainte contre le juge d'instruction avec constitution de partie civile pour faux criminel en écriture publique.

Ce n'est jamais chose aisée que d'instruire un procès criminel contre un magistrat. Deux de ses collègues juges d'instruction ont successivement refusé d'instruire le dossier de monsieur Courroye. Pourtant cette affaire dans l'affaire a suscité une des pages les plus lyriques qu'un magistrat ait été conduit à écrire. C'est un texte du président de la chambre de l'instruction de la cour d'appel de Reims, monsieur Gellée – certainement un honnête homme au sens du XVIIe siècle – qui s'est exprimé ainsi :

> Ce ne serait point faire œuvre de justice que de préférer les ténèbres à la lumière et qu'une instruction qu'on aurait l'obscur souci de clore avant même d'avoir recherché la simple réalité des faits allégués ne nuirait pas moins à celui qui les a dénoncés et qui aurait alors le visage d'un calomniateur, qu'à celui qui en est suspecté et dont l'image resterait ternie par une équivoque persistante, impuissante en l'espèce à lui ôter le voile terrible du faussaire.
>
> Attendu que dans l'unique souci de déceler ce qui, parmi les actes sollicités, est utile à la manifestation de la

vérité, il importe à présent de prononcer sur les différents chefs de demandes :

1. Sur l'audition du premier juge Courroye

Attendu que ce magistrat signataire de l'ordonnance de soit-communiqué arguée de faux, et contre lequel, dans leurs écritures, les parties civiles portent leurs efforts, doit être entendu.

Il ne le sera jamais !

La Cour de cassation veillait et a cassé cet arrêt prononcé par monsieur Gellée.

Des années plus tard, après trois arrêts de cour d'appel et trois arrêts de Cour de cassation, il a été définitivement jugé que, s'il s'agissait bien d'une falsification volontaire commise par Philippe Courroye, cela ne constituait pourtant pas un faux criminel au motif que l'acte supposé avoir été accompli à la date indiquée – communication du dossier au procureur de la République – l'avait bien été, c'était chose jurée sans aucun début de commencement de preuve par le procureur en question.

Beaucoup plus tard, le 29 avril 2011, la cour d'appel de Paris a conclu que Pierre Falcone n'avait pas commis le délit de trafic d'armes de guerre pour lequel il avait fait trente mois de détention préventive. D'autres mis en cause, notamment Charles Pasqua, ont été jugés innocents d'infractions qu'on avait eu le temps de chercher pendant dix ans. Quant à Jean-Christophe Mitterrand, il avait déjà été jugé innocent de toute complicité de trafic d'armes par le jugement du 27 octobre 2009. On avait retenu tout de même contre lui le délit d'abus de bien sociaux au préjudice de la société dont Pierre Falcone était l'unique actionnaire avec ses chats et ses canaris, histoire d'éviter à l'État de rembourser la « rançon ». Pendant cette décennie, sa vie avait été détruite du simple fait que, vivant et travaillant hors de France, il avait été retenu pendant des années sur le territoire national et contraint de vivre, à plus de cinquante ans, sans possibilité de trouver un travail, au domicile de sa maman.

L'institution et surtout la presse ne porteront sur monsieur Philippe Courroye un regard différent que beaucoup plus tard, à l'occasion de l'affaire Bettencourt, lorsqu'il aura peut-être imprudemment frôlé de trop près le pouvoir exécutif sous couvert de ses fonctions de procureur de la République de Nanterre.

Puis-je tenir quitte monsieur Courroye de ces dix ans de punition infligés à Jean-Christophe Mitterrand sans rappeler ce que ce monsieur a fait endurer à mon ami Rémy ?

Au cours de l'instruction sans fin de l'Angolagate, un quidam a déclaré savoir qu'un autre aurait remis une enveloppe de billets à Jean-Christophe Mitterrand et que cela se serait fait dans le bureau de cet avocat, Rémy, codéfendeur avec moi de Jean-Christophe.

Sur instruction du juge Courroye, Rémy est convoqué et aussitôt placé en garde à vue par des policiers qui vont lui poser toutes les questions possibles sur l'enveloppe de billets et les circonstances de sa supposée remise. Il est quinze heures. Rémy ne sait rien du quidam, ni de l'enveloppe, ni de rien du tout, aussi l'interrogatoire s'éteint faute de pouvoir être alimenté. On fera pourtant traîner mon ami Rémy toute la fin de l'après-midi, lui qui est probablement la personne la moins apte que je connaisse à pouvoir supporter l'enfermement. Quant à passer la nuit à l'hôtel de police, il n'ose même pas l'imaginer.

L'enquêteur, qui a fini et re-fini avec Rémy, appellera certainement le juge pour savoir ce qu'il convient de faire avec un avocat, auxiliaire de la justice, inscrit depuis vingt ans au barreau de Paris. Mais ce soir-là le juge a quitté son bureau beaucoup plus tôt que d'habitude, ce soir-là il n'est plus joignable, même si Rémy est probablement le seul avocat de France à risquer de devoir supporter une nuit dans l'inconfort absolu d'une cellule de garde à vue.

Le juge a autre chose à faire que de se préoccuper de cet avocat en souffrance. Cette nuit-là – c'est le jour de la Fête de la musique –, il est l'invité de la Conférence du stage des avocats. Il va discourir devant les douze jeunes avocats qui ont été distingués comme les meilleurs orateurs de leur promotion, on va déguster petits fours et champagne au son des bals musette de tout Paris. Peut-être le juge a-t-il poussé lui aussi la chansonnette, car on le dit musicien.

Rémy est au cachot, il se souviendra toute la vie qui lui reste de cette nuit abominable de crasse et d'angoisse pour rien. Ni Jean-Christophe Mitterrand ni Rémy ne seront jamais inquiétés pour cet avatar du dossier de l'Angolagate. Ils ne seront même pas présentés au juge d'instruction pour être entendus par lui. J'espère que monsieur Courroye aura, pour sa part, conservé un excellent souvenir de sa soirée.

L'affaire Buffalo Grill

Une autre affaire que j'ai vécue entraînera des injustices provoquées encore par la rencontre malheureuse d'une entreprise et d'un juge d'instruction. C'est le dossier dit de la vache folle, ou encore Buffalo Grill.

L'affaire Buffalo Grill, c'est encore un hasard de la vie. J'avais rencontré Christian Picard au début des années 1970, alors qu'il était de retour des États-Unis et qu'il espérait pouvoir investir toutes les économies, modestes, d'une carrière de maître d'hôtel à Los Angeles dans des laveries automatiques à Paris. Nous ne nous étions jamais vraiment éloignés l'un de l'autre. En 2001, alors qu'il est devenu l'actionnaire très majoritaire et le seul patron d'un groupe de restauration de viande – Buffalo Grill – qu'il a tout seul fondé, il est rattrapé par l'affaire de la vache folle et de la maladie de Creutzfeldt-Jakob, maladie qui selon les augures médicaux allait conduire inexorablement à un quasi-génocide en Europe dans les quinze prochaines années.

Christian Picard était à ce moment-là devenu le maître avant Dieu d'un groupe de 250 restaurants environ, situés en France pour l'essentiel, qui distribuait 70 000 repas par jour. Or il se trouvera cette fois une dame juge d'instruction, madame Bertolla-Geoffroy, pour engager des poursuites contre lui. À la fin de l'année 2001, ce juge d'instruction s'empare de la dénonciation d'un employé licencié du groupe Buffalo Grill, qui accuse son patron et quelques autres cadres de la chaîne de restauration d'importer illégalement de la viande bovine des îles britanniques, alors sous embargo sanitaire.

La solidarité européenne a en effet joué à plein à ce moment-là : quelques vaches du Royaume-Uni auraient contracté l'épouvantable maladie de Creutzfeldt-Jakob, elles seraient peut-être victimes de cette épizootie transmissible à l'homme. Que les Anglais consomment leur viande à leurs risques et périls, c'est leur affaire, mais nous autres Français, non ! L'importation illicite de telles viandes constituait un grave délit douanier, mais pas un crime. Qu'à cela ne tienne ! Le juge d'instruction instruit un autre dossier dans lequel trois personnes seraient décédées de la maladie dite de Creutzfeldt-Jakob. Elle en déduit aussitôt, ce juge, que ces personnes ont pu consommer de la viande contaminée dans un des restaurants de la chaîne Buffalo Grill et zou ! dénonciation du salarié en main, elle met en examen le chef boucher, le directeur des achats et Christian Picard, le président du groupe Buffalo Grill, pour homicide par imprudence.

Les deux premiers vont aussitôt en détention, j'évite celle de Christian Picard je ne sais pas trop comment, sans doute un bon juge des libertés et de la détention, et le lendemain, un samedi, le groupe Buffalo Grill perd cinquante pour cent de ses clients. Il est tombé de 70 000 à 35 000 couverts par jour en seulement 24 heures !

Même une chaîne de restauration puissante ne peut pas perdre la moitié de son chiffre d'affaires dans un délai aussi bref sans risque mortel.

Une quinzaine homérique va commencer, non pas avec madame Bertolla-Geoffroy mais avec la presse – avec ou contre. *Le Parisien* est un jour avec moi et les autres défenseurs des mis en cause, et le lendemain avec les gendarmes, dissimulés bien sûr. Même chose pour la télévision. TF1 relaie la thèse développée par les enquêteurs et France 2 relaie les réactions des avocats de la défense.

Les gendarmes montrent clandestinement aux journalistes des documents qu'ils commentent, nous produisons en direct à la télévision des packages et des étiquettes. Il y a eu de l'importation de viandes en provenance de Grande-Bretagne, dit-on d'un côté. Nous nous égosillons à soutenir le contraire. Des heures de discussions, d'arguties, de « plaidoiries ». Cette bourrasque médiatique, vue de notre côté, a pour seul objectif d'empêcher le groupe de sombrer. Sans jamais se montrer publiquement, les gendarmes essaient pour leur part de sauver le dossier du juge.

J'ai perdu dix kilos en quinze jours à force d'agitation-média.

Le groupe Buffalo Grill a fini par se sauver lui-même et, petit à petit, il a pour l'essentiel retrouvé sa clientèle. Peut-être les avocats, Olivier Sur, Emmanuel Daoud, François St Pierre, Orly Rezlan et moi, y avons-nous contribué, même si tel n'est ni notre métier, ni notre vocation. En fait, le magistrat instructeur s'était complètement fourvoyé. La maladie de Creutzfeldt-Jakob a une incubation d'au moins douze ans, toutes les communications des sciences médicales l'affirment. Les deux ou trois malheureuses personnes décédées récemment de la maladie ne pouvaient donc pas avoir été les victimes de Buffalo Grill pour avoir ingéré une viande soumise au récent embargo. C'est mathématique. Ils étaient nécessairement porteurs de la maladie depuis peut-être dix ans avant l'embargo.

Nous avons ainsi soutenu devant la cour d'appel que le délit d'homicide par imprudence était clairement impossible et qu'il fallait par conséquent annuler purement et simplement la mise en examen de nos clients respectifs. Probablement une première ! La possibilité de demander la nullité d'une mise en examen venait très récemment d'être inscrite dans le Code. Nous avions un dossier médical irréfutable. La cour a donc annulé la mise en examen des mis en cause pour homicide par imprudence et le chef boucher, alors toujours en détention préventive, a pu sortir de prison.

Ne croyez pas que le dossier ait ainsi été clôturé ! Il durera encore dix ans. Le juge d'instruction multipliera les enquêtes de police, de vétérinaires, d'experts en diverses matières pour tenter de prouver qu'il y a bien eu importation interdite de viande britannique. Il fera même rechercher le prion de la maladie de Creutzfeldt-Jakob dans les eaux usées de la boucherie centrale du groupe Buffalo Grill. Il ne trouvera rien du tout.

Le triste de cette affaire est que ce dossier n'aurait jamais dû être instruit par madame Bertolla-Geoffroy, qui était en charge du pôle santé de l'instruction pénale à Paris. Il aurait dû être traité comme un dossier de fraude alimentaire ou de douane, et non pas comme un dossier d'homicide. Mais dans ce cas, Madame Bertolla-Geoffroy aurait été privée de l'affaire Buffalo Grill, ce que clairement elle n'a pas souhaité.

Et puis madame Bertolla-Geoffroy, au bout d'une décennie, partira à la retraite. Un autre juge reprendra le dossier et rendra alors des ordonnances de non-lieu. Cette affaire en fait n'en était pas une.

Le boucher ne pourra plus jamais exercer son métier jusqu'au jour de sa retraite. Christian Picard va finir par vendre son groupe pour la moitié du prix qu'il valait, mais c'est encore beaucoup d'argent et tout est bien qui finit bien, puisque tout le monde est aujourd'hui innocenté.

Le seul qui ait gardé une séquelle judiciaire du prion de Creutzfeldt-Jakob, de Buffalo Grill et de l'embargo sur les bœufs britanniques, c'est moi !

Il est vrai qu'en 2003 m'est survenue la singulière idée de me présenter au conseil de l'Ordre des avocats au barreau de Paris. Saugrenue idée, je n'avais jamais participé à rien qui ait pu me rapprocher des organes professionnels et je n'étais même jamais allé au Bal du bâtonnier. J'avais certes parmi les avocats quelques amis, mais aucun membre d'une des multiples associations, confréries et syndicats de la profession. Je m'étais porté candidat pour exprimer le peu d'estime que je portais au conseil de l'Ordre pour ce qui est du droit de la défense, et singulièrement de la défense pénale. C'était le sujet d'une « adresse » diffusée à l'ensemble des avocats parisiens. Elle avait, semblait-il, été lue. J'avais fait l'effort de consulter page par page tout le répertoire du barreau par ordre alphabétique, en essayant de mettre les visages sur les noms qui me disaient quelque chose. Examen navrant : après près de quarante années d'avocature parisienne, j'avais trouvé les visages de moins de cent cinquante noms sur les quinze mille avocats que nous étions déjà. J'ai eu pourtant pas loin de deux mille cinq cents électeurs et j'ai donc été le cinquième de liste sur quatorze. Heureux succès ! Mais entre temps, c'est-à-dire entre mon élection brillante et mon premier conseil de l'Ordre, j'avais été rattrapé par la patrouille et j'avais réussi à me faire condamner par le conseil de l'Ordre soi-même : non pas un simple blâme ou une quelconque remontrance, mais deux ans de suspension d'exercice de la profession dont trois mois ferme.

Diantre ! Il est vrai que j'avais mis tous les atouts dans le camp de l'accusation. J'avais en effet choisi pour défenseur Thierry Lévy, le meilleur avocat de ma génération et certainement le seul qui fût un grand écrivain, mais il était aussi souple que moi : compromis, composition, étaient des termes qu'il maniait fort mal. Il m'avait considéré comme innocent et l'avait dit aux juges-avocats avec un tel talent qu'il ne pouvait que déplaire. J'avais même fait pire ! introduire dans le cadre d'une audience de jugement d'une infraction déontologique, dans la salle du conseil où on ne rentre qu'en robe, pour la première fois depuis la création de l'Ordre par Napoléon, un journaliste. Oui, le législateur avait récemment prescrit qu'au même titre que les audiences pénales, les audiences disciplinaires devaient être ouvertes au public. Mais quel journaliste ! Le rédacteur en chef du *Canard enchaîné* est le plus fin spécialiste de la procédure pénale de toute la presse française. Il avait publié la semaine suivante – avant que la sentence n'ait été prononcée – un de ces petits bijoux de papier que je ne peux pas m'empêcher de citer ici en caviardant les noms des ridiculisés :

> TARTUFFERIES. Une âme simple pourrait penser que le barreau tout entier se serait dressé contre cette nouvelle interprétation du droit qui permet d'écouter d'abord (communications téléphoniques) et de trier après. [...] Au contraire, l'avocat qui a tenu le rôle de procureur dans cette contrefaçon de tribunal a trouvé excellente cette déculottée infligée à la profession d'avocat. [...] Si les avocats font preuve de la même ardeur et d'un semblable talent pour défendre leurs clients, ceux-ci ont quelque souci à se faire.

Bref, la sanction pour un tel comportement inadéquat était indispensable et elle est tombée : trois mois de suspension ferme pour moi et deux mois avec sursis pour ma collaboratrice. *Libération* a titré – suavité – le lendemain : « Deux avocats sont condamnés pour avoir fait leur métier. » Mais de quoi s'agissait-il ?

Où l'on retrouve Buffalo Grill.

À cette époque (en 2001), les avocats n'étaient pas autorisés à assister leurs clients en garde à vue. Aujourd'hui, ils ne les assistent pas davantage mais ils sont au moins présents. Ils pouvaient cependant, en cours de garde à vue, les rencontrer quelques minutes. J'avais donc dépêché ma collaboratrice, Tania Crasnianski, pour aller réconforter les trois cadres de Buffalo Grill alors auditionnés par les gendarmes dans leur caserne-prison du boulevard Mortier.

À la sortie, elle avait appelé sur son portable le patron de ces trois cadres, Christian Picard, président du groupe Buffalo Grill, pour lui dire qu'ils étaient interrogés sur une affaire de vache folle d'origine outre Pas-de-Calais à laquelle elle n'avait strictement rien compris. Christian Picard lui avait expliqué que c'était probablement le résultat d'une vieille dénonciation d'un employé qui prétendait avoir vu des pièces de bœuf en provenance de Grande-Bretagne, ce qui aurait été une violation d'un embargo, et que la maladie de Creutzfeldt-Jakob, etc. Or ce coquin de Christian Picard avait été mis sur écoute. Les gendarmes avaient donc transmis à l'autorité judiciaire que l'avocate avait appelé son client – eh oui, nos clients étaient bien Christian Picard et la société Buffalo Grill – pour lui rapporter des propos couverts par le secret des enquêtes.

Tania avait donc été l'objet d'une poursuite disciplinaire pour violation du secret professionnel, ce qui était de la compétence du conseil de l'Ordre, alors qu'elle avait rendu compte à notre client, par une communication téléphonique, de ce qui était reproché à trois de ses salariés Aussi, d'une belle plume, j'avais, quelques semaines plus tard, lorsque Tania eut elle-même reçu une convocation à laquelle je n'avais pas pu croire jusque-là, écrit à mon bâtonnier pour lui dire que, s'agissant de poursuites dirigées contre ma collaboratrice à l'occasion d'un dossier concernant l'un de mes clients, je le priais respectueusement de me déférer également devant la juridiction de l'Ordre.

Eh bien, il l'a fait.

Violation du secret professionnel ?

Le secret professionnel, c'est celui du client, point barre.

Pourtant nous étions, Tania et moi, poursuivis pour ne pas avoir respecté le secret des gendarmes. Il eût fallu conserver le secret policier au détriment de notre client. J'en ris toujours ! Il m'a été dit plus tard en catimini par un membre de la juridiction ordinale qu'il fallait nous sanctionner parce que, parallèlement, l'Ordre déployait tous ses efforts pour étendre les droits de la défense… En fait d'extension, le législateur a créé un délit spécifique de violation par les avocats du secret des enquêtes de police et de gendarmerie. Dès lors, il n'est plus nécessaire désormais de recourir au concept de secret professionnel.

Piètre défaite.

Mais cette affaire anecdotique a eu des prolongements insoupçonnés, parce qu'elle posait la question autrement plus grave de la violation du secret des conversations qu'un client peut avoir avec son avocat. Je me garderai de développer ici la problématique du sujet, mais que les lecteurs sachent bien que tous les échanges – conversations téléphoniques, SMS ou mails – qu'ils peuvent avoir avec leur avocat sont écoutés ou lus, et parfois transcrits.

Le secret policier est bien garanti alors que celui des clients des avocats a volé en éclats, en partie à cause du dossier Versini/Tania jugé par des membres du conseil de l'Ordre qui, à l'époque, avaient cru bien faire.

Le singulier, c'est qu'après nous avoir condamnés ma collaboratrice et moi, le même conseil de l'Ordre, sous les autorités successives des bâtonniers Christian Charrière-Bournazel et Pierre-Olivier Sur, a défendu devant les juridictions d'appel et de Cassation, et même devant la Cour européenne des droits de l'homme, le vilain Versini pour voir annuler sa condamnation, dont les conséquences sur le droit au secret des clients des avocats sont proprement catastrophiques. En vérité, si l'on devait maintenir l'ordre des avocats, il faudrait imposer que toujours le bâtonnier soit choisi parmi les avocats pénalistes. Ce sont par construction les défenseurs des libertés individuelles, mission cardinale de la profession. Nous avons tous fini par échouer et ce qui a été mal jugé en 2003 est aujourd'hui le droit positif en France.

(Ne téléphonez donc plus, déplacez-vous chez votre avocat et vous en profiterez pour boire un verre à ma santé.)

L'épilogue de cette histoire ? Ma collaboratrice Tania Crasnianski, pourtant bénéficiaire d'un sursis, a immédiatement quitté notre profession pour devenir écrivain et elle a déjà publié deux livres qui ont un vif succès : *Les enfants des nazis* et *Le pouvoir sur ordonnance*. Voilà une bien belle reconversion. Moi, j'ai accompli ma punition. Le bâtonnier en exercice a eu la courtoisie de faire courir ma suspension en juillet, août et septembre de l'an 2004, et je n'oublierai pas le geste de mon confrère, mon ami, le doyen des bâtonniers de Paris Jean-René Farthouat, dont je suis convaincu qu'il a eu un aïeul olonnois et donc un peu pirate.

Je m'étais retiré chez moi en Corse et il se trouve que s'est tenu cet été-là dans la ville d'à côté, Cargèse, le week-end professionnel « Juris Corsica I Scontri », auquel étaient conviés comme chaque année avocats et magistrats pour traiter de sujets juridiques du moment. Chambres d'hôtel retenues bien entendu pour tous, et la plus confortable assurément pour Jean-René Farthouat. Or, à peine descendu de son taxi, il a déclaré bien haut que, pour sa part, il allait prendre pension chez Versini ! Il a même voulu que je participe au dîner des réjouissances, de sorte que j'ai pu apprécier un bref moment le délicieux état du pestiféré !

Heureusement, cette histoire m'aura valu longtemps des saluts de collaborateurs d'avocats et des sourires de collaboratrices qui se souvenaient que je m'étais porté au secours de l'un d'entre eux. Ensuite, j'ai poursuivi mon métier d'avocat et je mourrai, j'espère, tel Molière.

L'affaire Maurice Agnelet

Un avocat peut-il quitter la barre sans évoquer l'erreur judiciaire dont il a été victime dans une affaire non pas financière, mais criminelle ?

La victime, c'est une image poétique, car ce ne sont évidemment que ses clients qui peuvent avoir été victimes de l'erreur judiciaire.

La troisième injustice que j'évoquerai ne concerne pas un client qui m'aurait choisi pour avocat, mais un homme dont j'ai cependant contribué à défendre un moment la cause par le choix de son avocat historique. Un binôme, Maurice Agnelet et François Saint-Pierre. Le premier est un condamné pour assassinat, le second son défenseur.

Maurice Agnelet, en matière criminelle, c'est l'erreur judiciaire des cent dernières années.

C'est l'assassinat supposément perpétré à la Toussaint 1977 d'une jeune femme de vingt-sept ans, Agnès Leroux, héritière du casino niçois le Palais de la Méditerranée, par un avocat aussi séduisant (à l'époque) que brillant, inscrit au barreau de Nice, et qui était alors âgé de quarante ans. Au mois d'avril 2014, cet avocat, Maurice Agnelet, a été jugé pour la troisième fois en cour d'assises et condamné, trente-sept ans après la disparition d'Agnès, à vingt ans de réclusion criminelle pour l'avoir tuée.

Maurice Agnelet est innocent.

C'est une erreur judiciaire spécifiquement française. Nous préférons peut-être une injustice à un désordre – formule de Goethe détournée par les antidreyfusards –, nous préférons certainement le risque de l'erreur judiciaire au scandale du crime impuni. Inconsciemment bien sûr, parce que personne d'entre nous n'accepterait de voir condamné un innocent, mais nous avons la spécificité surprenante d'adopter pour assassin celui que le mauvais sort nous désigne.

La place considérable et excessive de la victime, partie civile, dans le procès pénal français, n'est pas étrangère à cette inclination. Dès lors, si la présomption d'innocence n'existe pas en matière pénale financière, elle existe moins encore en matière de crime de sang. Le désigné, le montré du doigt, est le coupable, à charge pour lui de rapporter la preuve de son innocence, preuve négative fort difficile à trouver.

Pour Maurice Agnelet, preuve impossible puisque nul ne sait si Agnès Leroux est morte, puisque l'on n'a jamais retrouvé la moindre trace de son corps, puisque l'on n'a jamais découvert où effectivement elle aurait pu être assassinée, puisque l'on ne sait pas quand elle aurait été assassinée ni comment elle l'aurait été. En fait, la justice a fini par croire savoir, mais elle n'a recueilli ni preuves, ni même charges, tout au plus de maigres indices et foison d'hypothèses, de suppositions et de fantasmes. Dans les pays anglo-saxons où l'on est plus rigoureux sur l'établissement de la preuve, Maurice Agnelet, même suspect pour l'éternité, n'aurait probablement pas été condamné. On a un exemple de ceci dans l'affaire de l'assassinat de Sophie Toscan du Plantier. Tout conduit à la culpabilité possible d'un voisin, Ian Bailey. Tout, sauf la preuve indispensable pour la justice irlandaise.

Il est significatif d'observer que Bailey, qui n'est pas poursuivi en Irlande, a été condamné par la justice française. Qu'on ne se trompe pas cependant. Le système accusatoire et donc archaïque anglo-saxon produit beaucoup plus d'erreurs judiciaires que le système inquisitorial français. L'erreur judiciaire en France, en matière criminelle, reste exceptionnelle, parce qu'avant de livrer l'accusé à un jury populaire hasardeux, des dizaines de professionnels, pendant des années, se sont penchés sur le suspect et sur son acte supposé. Mais il demeure que le crime doit être obligatoirement puni !

Au début, c'est une histoire triste et rocambolesque. Fratoni, un Corse, patron du casino Ruhl, veut prendre le pouvoir chez son concurrent voisin, le Palais de la Méditerranée, qui appartient à la famille Leroux et ce, dit-on, avec le concours financier de la N'drangheta, la redoutable mafia calabraise.

Agnès Leroux, jeune femme amante, amoureuse de Maurice Agnelet qui traite avec madame Leroux mère des affaires juridiques du casino, décide un jour de changer de camp et de vendre ses voix à Fratoni, ce pour quoi elle reçoit en billets de banque trois millions de francs, ce qui, il y a quarante ans, représente une somme énorme.

Agnès va, avec le concours actif de son amant Maurice, transporter en automobile ou faire transporter par un passeur, clandestinement, le pactole en Suisse, alors que l'office des changes l'interdit et qu'il s'agit d'un argent évidemment soustrait à l'administration fiscale. À Genève, elle ouvre un compte commun à leurs deux noms. Ils ont donc l'un comme l'autre, Agnès et Maurice, le pouvoir de disposer comme bon leur semble du magot. Ils ne se sont pas dissimulés sous de faux noms, aussi dans le cadre d'une action judiciaire ce compte pourrait être aisément révélé. Il n'a en effet jamais existé de secret bancaire suisse dès lors que des faits supposément délictueux peuvent être révélés aux autorités helvètes.

Les choses se passent mal avec Fratoni, qui se plaint qu'Agnès lui a vendu un âne mort : madame Leroux mère lui fait les pires difficultés et le Palais de la Méditerranée ne vaut pas ce qu'il croyait. Il se plaint auprès de Maurice Agnelet et, à mots feutrés, menace, notamment de récupérer son argent. Tout ceci est parfaitement établi.

Agnès est malheureuse. Maurice, croit-elle, l'aime moins qu'elle ne l'aime. Elle fait deux tentatives de suicide puis décide de quitter la France. Elle achète pour ce faire un 4x4 énorme pour l'époque, un Range Rover dont il n'existe alors sur les routes européennes que très peu d'exemplaires. Elle disparaît le week-end de la Toussaint 1977 et personne depuis quarante ans ne sait ce qui lui est arrivé. Personne ne sait même rien du tout de sa disparition ni de celle de la grosse voiture avec laquelle elle devait voyager.

Quelques semaines avant la disparition d'Agnès, Maurice Agnelet aura transféré l'essentiel des sommes déposées à leur compte commun de Genève au crédit d'un compte qui lui est cette fois-ci personnel, dans une autre banque située à Vevey, dans le canton de Vaud, siège du groupe Nestlé et dernier refuge de Charlot.

Fin de l'histoire.

Madame Leroux mère montre très vite du doigt Maurice Agnelet sinon comme l'assassin, faute de tout élément matériel, à tout le moins comme le responsable de la disparition de sa fille Agnès. Madame mère croit dans le tréfonds de son cœur que Maurice sait ce qui s'est passé. Elle provoque l'ouverture d'une enquête judiciaire.

Aussitôt, Maurice commence sa descente aux enfers. Avocat radié définitivement du barreau de Nice, il devient, tel un prêtre défroqué, un zombie. Il est chassé de la Ligue des droits de l'homme dont il était l'éminent représentant local, il est expulsé de je ne sais quelle obédience maçonnique où il tenait un rang élevé, bref entre 1978 et 1983, il va devenir un quasi-SDF, assisté par sa femme dont il a deux enfants et par une autre amoureuse qui a connu l'existence parallèle d'Agnès, une dame fort belle, fort riche, fort aimante, Françoise Lausseure.

Il est en effet arrivé à Maurice l'inéluctable : Agnès disparue, Agnès fiévreusement recherchée par sa famille, la justice allait nécessairement s'emparer du dossier de cette disparition, elle allait fouiller dans les relations d'Agnès, dans ses comptes, rechercher les trois millions, les retrouver sur un compte à Genève, et inexorablement découvrir le compte ouvert au seul bénéfice de Maurice à Vevey. Parmi ses mille déclarations affolées, il a expliqué qu'il s'était agi de faire échapper les fonds à une saisie intempestive du vilain monsieur Fratoni. Maurice n'avait pas transporté les fonds d'une banque à l'autre en billets de banque, ce qui, à l'époque, était l'ordinaire des banques suisses, mais il avait procédé à un transfert par virement. Je précise que le légendaire secret bancaire helvétique n'a jamais existé en matière délictuelle et criminelle mais seulement en matière fiscale.

Plus singulier encore, la banque de Vevey qui reçoit les fonds lui a été indiquée par son amante Françoise Lausseure, dont le père a été administrateur de ladite banque. Et il confie une procuration à Françoise Lausseure à laquelle il dit : « C'est l'argent d'Agnès. » Précision évidemment inutile puisqu'une telle somme ne peut pas appartenir à Maurice.

Ceci est dans le dossier.

Ce compte évidemment découvert par une très brève enquête de police, il sera définitivement condamné en 1986 pour complicité d'achat de votes, recel et surtout abus de confiance au préjudice d'Agnès. Disparition donc du mobile du crime.

Tout lecteur de romans policiers sait en effet que la clé de voûte du crime de sang, c'est le mobile, le contrat confié à un tueur professionnel, ou bien la folie, la vengeance, la peur, la passion ou l'intérêt.

Il a bien fallu que la justice confectionne le mobile qui aurait conduit Maurice à assassiner Agnès. Or vous avez compris que l'intérêt ne pouvait pas être le mobile, puisque dès l'instant qu'Agnès ne réapparaissait pas vivante, Maurice savait ne pouvoir échapper ni à la condamnation pour abus de confiance – c'est-à-dire pour avoir détourné les fonds d'Agnès – ni aux déshonneurs, ni à la radiation professionnelle à vie. Pour un esprit cartésien, le transfert des fonds d'Agnès par le procédé traçable du virement bancaire aurait dû suffire à faire admettre qu'il ne pouvait être le responsable de la disparition d'Agnès. S'il s'agissait pour lui de voler l'argent d'Agnès, il lui aurait suffi de la marier : il n'y a pas en France de vol ou d'abus de confiance entre époux, tout avocat sait cela. En outre, la complète connaissance de l'opération par Françoise Lausseure, témoin de sa turpitude, aurait dû le conduire à la supprimer aussi !

Il s'est pourtant trouvé un magistrat en 2014 pour terminer l'exposé des motifs de la condamnation de Maurice par la cour d'appel de Rennes par cette phrase :

> Le dessein criminel de l'accusé s'est formé préalablement au meurtre, dès le début du processus d'appropriation de l'argent au détriment d'Agnès Le Roux, auquel celle-ci risquait de mettre fin à tout moment.

Pourtant, Agnès disparue, Maurice se retrouve immédiatement dans la position du rat dans le cylindre : il court à faire du surplace, il échafaude des explications, monte des scenarii et essaie de retarder la découverte de sa turpitude. Il espère désespérément qu'Agnès va reparaître et qu'elle viendra confirmer que c'est bien son argent à elle, que c'est sur ses instructions à elle et dans son intérêt à elle qu'il a déplacé cet argent. Ainsi, pendant des mois, avant que ne soit découverte par la police judiciaire l'existence de la banque de Vevey, Maurice n'aura pas cherché à déplacer un seul centime de ce compte pestiféré. Il n'y a pas de mobile qui tienne, il n'y a pas de cadavre, pas d'arme du crime, pas de lieu, pas de date non plus, mais la police va trouver des papiers qui, interprétés, peuvent constituer des indices, et Maurice est inculpé – aujourd'hui on dit mis en examen – d'homicide volontaire le 13 août 1983, six ans moins deux mois après la disparition d'Agnès.

« Donnez-moi deux lignes de la main d'un homme et je le fais pendre », a dit fort justement le grand Cardinal.

L'enquête se poursuit deux ans. Tous les indices qui servent de ciment au dernier procès en cour d'assises, celui de Rennes au mois d'avril 2014, sont déjà réunis, disséqués, épluchés, et pourtant, en dépit des « lignes de la main de l'homme », le juge d'instruction de Nice en charge de l'information judiciaire prononce le non-lieu au bénéfice de Maurice Agnelet.

Nous sommes alors le 30 septembre 1985. Appel de madame mère et du procureur de la République. Mais le 23 avril 1986, le non-lieu est confirmé par la cour d'appel d'Aix-en-Provence. Maurice Agnelet est définitivement innocenté. Il va épouser Françoise Lausseure, s'expatrier avec elle au Canada, y emmener un temps ses deux fils et vivre libre. Cela va durer quatorze ans.

En décembre 2000, il est à nouveau mis en examen pour l'assassinat d'Agnès Le Roux, à la faveur ou plutôt à la défaveur d'un biais juridique. Madame mère a poursuivi son combat, déposé une plainte non plus pour assassinat – c'est juridiquement bouché – mais pour séquestration volontaire, et poursuivi Françoise Lausseure pour faux témoignage. Bref, l'instance repart, la chambre d'accusation – qui a eu le temps de changer de dénomination pour s'appeler chambre de l'instruction – relit avec soin strictement le même dossier qu'en 1986, et décide pourtant en octobre 2005 de renvoyer Maurice devant la cour d'assises de Nice pour assassinat.

Agnès a disparu depuis vingt-huit ans.

C'est un peu avant l'ouverture des assises de Nice que François Saint-Pierre me demande d'assister Maurice à l'audience à ses côtés. C'est simple, il y a deux accusateurs redoutables, l'avocat général, qui a pour habitude de requérir au moins huit heures de long, et Georges Kiejman, avocat de madame Leroux et de sa famille, qui est un des très grands du métier. Deux avocats de la défense rétablissaient un équilibre. Je ne sais rien du dossier mais j'ai lu les journaux : Maurice est antipathique, arrogant, méprisant, retors, fourbe, mauvais père, mauvais mari, vivant aux crochets de ses femmes ou maîtresses et, en plus, il est évidemment l'assassin enfin démasqué.

Dire que j'avais un *a priori* est un euphémisme. François Saint-Pierre ne me dit rien de contraire sauf que, selon lui, il ne peut pas être l'assassin puisqu'il n'y a pas la moindre preuve d'un assassinat, ni même de la mort de la supposée assassinée. Eh bien, je vais être petit à petit convaincu de la totale innocence de Maurice Agnelet, non par une analyse fine de son dossier, mais par une évidence : cet homme-là, que je vois depuis un mois à l'audience, dans le bureau improvisé que nous avions François Saint-Pierre et moi établi à Nice, dans les restaurants, dans les cafés où nous passions le temps hors celui des audiences, cet homme-là ne peut tout simplement pas être l'assassin, il ne peut pas avoir prémédité, réfléchi et organisé le meurtre d'une jeune femme de quatorze ans sa cadette qui lui exprime son amour et qui ne le menace que de l'aimer.

Tout le reste n'est que diversion.

Un assassin capable d'un tel crime est soit un tueur professionnel en mission, soit un malade mental. Maurice n'est ni l'un ni l'autre et, au cours de cette immense enquête, personne ne lui a jamais vu une arme à la main, personne ne l'a jamais vu faire preuve de brutalité. Bien au-delà de l'absence de motif, il y a le comportement et le regard. Un assassin – et je le dis pour en avoir croisé et même côtoyé en dehors des prétoires – ça se sent à sa manière de se mouvoir, de vous regarder, de s'exprimer : lenteur et économie de gestes, froideur glaçante, propos rares, absence de fébrilité, absence d'inquiétude, absence d'imagination, surtout d'imagination ! Il faut être capable de penser que l'on peut agir sans se faire immédiatement découvrir, dénoncer, poursuivre, il faut pouvoir ne pas imaginer l'impondérable, l'inattendu ou le soudain pour être un assassin.

Maurice, c'est tout le contraire. Craintif de tout, fébrile, agité, un débit d'orateur de tréteaux, immédiatement prêt à raconter une blague, incapable de résister à un bon mot, parti dans n'importe quelle direction, sur n'importe quel sujet, volubile, maladroit, embarrassé de son grand corps, cherchant par peur de déplaire à séduire toute personne qu'il croise avec son bagout, son esprit primesautier, son impertinence, qu'il s'agisse d'un garçon de café ou de la femme de son avocat.

Il était comme cela, le Maurice de la fin 2006 à Nice. Il ne l'est probablement plus quatorze ans plus tard lorsque j'écris pour lui et que la détention en a fait un ours hirsute comme l'ont vu les jurés de Rennes au mois d'avril 2014. Il n'y a pas que ses avocats pour considérer qu'il ne ferait pas un assassin crédible dans un film comique de Dino Risi. Il y a aussi Françoise Lausseure.

Pas eu peur une seule seconde, cette dame, de l'embarquer pour le Québec plein de forêts, d'animaux dévoreurs et de lacs sans fond. Pas eu peur, après l'avoir épousé, après l'avoir supporté des années, de se lasser de lui, de lui signifier très sèchement son congé, de le réexpédier pour la France et de divorcer.

Je l'ai vue pour la première fois, Françoise Lausseure, alors qu'elle entrait au bras de son avocat dans la salle de la cour d'assises de Nice pour y témoigner. Une apparition. Une dame très belle, très élégante, la séduction en mouvement, vêtue, maquillée, bijoûtée comme l'étaient les stars dans les années soixante. Ce n'est plus le tribunal qui l'accueille mais le hall du Palais des festivals de Cannes. Elle témoignera avec une grande désinvolture, disant tout le mal qu'elle pense – en 2006 – de Maurice, ce mauvais mari, pas gênée ni intimidée du tout de se retrouver à moins d'un mètre du supposé assassin dont elle a quatorze ans durant partagé le lit et la vie en sachant parfaitement de quoi il avait été accusé.

Elle est tellement à l'aise que tout à la fin je m'enhardis à lui poser la question délicate :

– Croyez-vous, Madame, qu'Agnelet a tué Agnès Le Roux ?

– Non.

Un non immédiat, percutant, sonore, un non qui ne démontre pas que Maurice est innocent, mais dont on ne peut assurément pas déduire qu'il l'est. Et puis, dans un grand frou-frou de robe large et ronde, madame Lausseure quitte la salle d'audience.

Maurice aura poussé bien des cris contre le comportement de cette seconde épouse, mais, loin de chercher à la trucider, il entamera contre elle procès après procès, tentant ainsi d'obtenir de cette richissime personne une pension alimentaire décente. L'assassin, supposément confondu par les jurés de Rennes après ceux d'Aix-en-Provence, est en fait un chicaneur impénitent qui utilise la seule arme qu'il ait jamais su manier : l'assignation délivrée par un huissier.

Le seul fait nouveau qui, aux yeux de l'institution judiciaire, justifie le renvoi aux assises de Maurice Agnelet en 2006, c'est le revirement de Françoise Lausseure. Il n'y a strictement rien d'autre depuis 1983 dans le dossier. Le revirement de Françoise Lausseure... Après avoir déclaré que Maurice l'avait accompagnée à Genève à la Toussaint de l'année 1977 – période de la disparition d'Agnès – Françoise a fait une déclaration contraire vingt ans plus tard, pourchassée qu'elle était par madame Le Roux mère. Elle déclare que Maurice n'était pas avec elle à Genève ce week-end-là, qu'elle y était seule ! Mais François Saint-Pierre arrive à établir que le registre de l'hôtel où elle a passé la nuit mentionnait non pas une seule personne, mais deux. Et Françoise Lausseure de retrouver la mémoire : « J'y étais, mais avec une amie. » L'amie est alors entendue par les policiers, puis par les jurés d'assises à Nice. L'amie ne se souvient de rien. Elle est bien allée pour la seule fois de sa vie à Genève ce jour-là, mais elle n'a conservé aucun souvenir, même fugace, de rien, ni du palace où elle a censément dormi – alors qu'elle entrait dans le premier et le seul palace de sa vie –, ni même du jet d'eau qui griffe le lac Léman précisément face aux fenêtres du palace et qui se dresse à quatre-vingt mètres de hauteur.

Ce témoin est tellement peu crédible que son témoignage ne sera même pas évoqué ni donc mentionné dans la motivation de l'arrêt de condamnation de Rennes en 2014.

Nous n'y sommes pas encore, à Rennes. Nous sommes à Nice et, après un mois d'audience matin et après-midi, Maurice Agnelet finit par être acquitté par la cour d'assises. Nous sommes le 20 décembre 2006. C'est fini, fini.

Non, ça recommence. Appel du procureur, un mois de plus en septembre 2007, mais cette fois-ci à Aix-en-Provence, j'y suis encore. Hervé Temime a remplacé Georges Kiejman. Nous ne le déplorons pas trop, François Saint-Pierre et moi, car nous savons Hervé Temime défenseur avant tout : se transformer en auxiliaire, en supplétif de l'avocat général – l'accusateur public –, ne lui sera pas nécessairement chose aisée. L'avocat général, lui, c'est le même magistrat qu'à Nice et il développera ses réquisitions de condamnation huit heures durant, en deux services, comme la fois précédente.

Le président des assises a une grosse moustache. Il est souriant, sympathique, courtois, je dirais presque attentionné. Il aura même une formule saisissante à l'occasion du second témoignage de Françoise Lausseure, quand elle déclarera que depuis le procès de Nice, le vilain Maurice lui a remboursé une dette. « Voilà une bonne chose à laquelle ce procès aura au moins servi », remarque monsieur le président Deschamps. Les audiences vont se prolonger un mois, mais se dérouler cette fois de manière kaléidoscopique. On passe d'un témoin à l'autre, d'un aspect du dossier à un autre sans plan ni chronologie, le président semble butiner, ce sont des audiences impressionnistes, je dirais même tachistes. J'ai la conviction qu'à part ceux qui ont participé au procès de Nice, journalistes compris, personne ne comprend rien à l'affaire et singulièrement pas les jurés. Et c'est pourtant ainsi qu'à notre surprise, ce qui avait été jugé blanc à Nice est jugé noir à Aix.

Maurice est condamné à vingt ans de réclusion criminelle.

Justice est enfin passée, l'institution croit avoir réparé trente ans – presque jour pour jour – de palinodies judiciaires. L'affaire Agnelet est une illustration éclatante d'un propos tenu par Jean-Yves Leborgne, un pénaliste de grand talent : « Aux assises, l'acquittement est un accident de travail judiciaire. » En tout cas, il est considéré comme tel par les magistrats et c'est compréhensible, puisque les accusés ne sont renvoyés en cour d'assises qu'après un très long passage au tamis de l'enquête de police, de l'instruction du juge et du jugement des trois magistrats qui composent la chambre de l'instruction, laquelle prononce le renvoi de l'accusé en cour d'assises.

Pour les parties civiles et pour les magistrats, l'acquittement, en France, est considéré comme une erreur judiciaire.

En France, c'est la condamnation au bénéfice du doute.

François Saint-Pierre obtiendra plus tard que le procès soit rejugé une troisième fois par une cour d'assises (celle de Rennes), parce que la Cour européenne des droits de l'homme a considéré que, dans un tel dossier, l'absence de motivation de la décision des magistrats de la cour d'assises d'Aix-en-Provence constitue une violation du procès équitable, un manquement de la part de l'État français. François Saint-Pierre va, sans moi, plaider à Rennes le dossier d'Aix tel que censuré par la Cour européenne des droits de l'homme. Il est confiant. Maurice aussi.

Je n'étais pas à Rennes. Je n'ai pas déserté, mais Maurice, qui ne voit à ce moment-là qu'une avenue vers l'acquittement, m'exprime, ce qui est très légitime, qu'il souhaite vivre la fin de son interminable calvaire avec l'avocat qui pendant plus de vingt ans l'a soutenu envers et contre tous, François Saint-Pierre. Maurice est sorti de prison après la décision de cassation de l'arrêt d'Aix. Il se présente libre bien que complètement défait physiquement par la prison. Mais il va y retourner, en prison, recondamnée à vingt années de réclusion criminelle, avec cette fois-ci un arrêt motivé par la cour d'appel de Rennes. Ce sont exactement les mêmes motifs que ceux débattus par le juge d'instruction et la chambre d'accusation dans les années 1985-1986. On y a ajouté le témoignage de Françoise Lausseure tel qu'il avait été balayé à Nice. Et puis il s'est produit un de ces incidents d'audience qui aurait transporté Victor Hugo, lequel en aurait fait une geste.

Guillaume, le fils aîné de Maurice, est venu déclarer à la barre que sa mère lui aurait dit vingt ans avant – il avait alors quatorze ou seize ans – que son père lui avait avoué être l'assassin d'Agnès. Et il décrit à l'audience le lieu – la région du Monte Cassino, à mille kilomètres environ de Nice –, le mode opératoire – un coup de pistolet –, le corps dénudé simplement exposé dans un sous-bois, la Range Rover abandonnée sur un parking de gare avec les clés laissées sur le tableau de bord.

La mère de Guillaume et son frère cadet sont aussitôt entendus, ils démentent formellement, ils affirment que Guillaume affabule et raconte n'importe quoi. On est en présence d'un ouï-dire fermement démenti. Eh bien, il s'est trouvé des magistrats et neuf jurés pour croire cette macabre fable et la considérer comme valant preuve, et un président d'assises pour l'exposer et la reproduire dans la motivation de l'arrêt de condamnation.

Guillaume connaît le dossier de son père par cœur. Il sait que parmi les dizaines d'hypothèses de localisation, toutes plus fantaisistes les unes que les autres, s'est trouvée citée la région de Cassino, une des régions les plus peuplées d'Italie. On n'est pas au fin fond de la Calabre ou des Abruzzes, mais aux confins de Rome. Il y a des chasseurs, des chiens, des promeneurs. Un corps exposé sur le sol et qui se putréfie à l'air libre ne peut pas ne pas être découvert. Une Range Rover en 1977 – l'équivalent du Hummer d'aujourd'hui – ne peut pas disparaître quand elle est rangée devant la gare d'une petite ville de la microrégion du Frosinone et qu'elle porte une immatriculation monégasque ! On est dans le délire d'un homme, Guillaume, qui pendant des années et des années a défendu son père avec acharnement. Et puis son père a été jugé coupable par les jurés d'Aix-en-Provence, et puis son père, libéré par la décision de la Cour européenne, est revenu habiter dans la maison familiale occupée par le fils, et puis ils se sont disputés, parce que l'un est probablement malade et l'autre insupportable et, pour survivre, guérir peut-être, Guillaume a voulu « tuer son père ».

La science médicale a probablement vingt-cinq mille explications d'un tel comportement. On n'a pas retardé le procès pour qu'un psychiatre puisse se pencher sur le sujet. On n'a pas non plus exigé la présence à la barre de Françoise Lausseure pour l'interroger sur cette stupéfiante déclaration du fils, Françoise pourtant témoin clé des deux précédents procès d'assises, alors que Guillaume a vécu avec elle et son père au Québec, précisément pendant son adolescence. Ce dont je dois témoigner, c'est du comportement de Guillaume à Nice et à Aix-en-Provence. Il y était le premier défenseur et un véritable garde du corps de son père. Chaque fois qu'un article du *Figaro* ou du *Monde*, ou de tout autre média, diffusait un commentaire peu aimable ou tant soit peu dubitatif sur son innocence, Guillaume, l'air furieux, menaçait d'aller « casser la gueule » du journaliste. Il ne supportait pas la plus légère allusion à une possible culpabilité de son père et la déclaration par un journaliste à Nice ou à Aix d'une telle hypothèse de culpabilité aurait pu provoquer un drame, c'est-à-dire une agression physique de Guillaume contre ce journaliste.

Un jour, Maurice mourra, avant Guillaume je le souhaite, et ce jour-là ou un jour ultérieur, Guillaume fera une grande déclaration et il révélera qu'il a inventé cette histoire de Cassino. Maurice sera mort coupable et Guillaume sera enfin libéré.

C'est un destin humain.

L'épilogue de cette affaire est que nous connaissons probablement la vérité.

Agnès est morte en 1977. Elle a été exécutée par un tueur professionnel à la solde des Calabrais, des voyous calabrais auxquels Fratoni avait expliqué pour justifier la perte de trois millions de francs qu'il s'était fait doubler par la petite. Cet épilogue a été raconté aux environs des années 2010 par un vieux truand parfaitement identifié, qui avait fait des dizaines d'années de prison et qui avait recueilli à l'occasion d'une de ses longues peines les aveux d'un compagnon de cellule, homme de main du clan Zampa. Il a raconté à un journaliste qui était l'assassin d'Agnès – assassin à ce moment-là déjà décédé – et il lui a dit pourquoi ce dernier lui avait fait la confession d'être le tueur à la solde du célèbre gangster de l'époque pour le compte de la N'drangheta.

Cette confidence, le journaliste ne l'a pas conservée pour lui, elle a été communiquée aux autorités judiciaires. Le vieux voyou qui avait entendu le récit complet et circonstancié de la bouche même de l'assassin – Agnès assassinée, son Range Rover émietté dans un casse – l'a répété aux magistrats de la commission de révision des procès, lesquels magistrats ont rencontré personnellement ce témoin. Mais, comme elle le fait souvent, l'instance de révision a rejeté la demande parce que, si le vieux voyou qui a dénoncé ce que je considère personnellement comme la vérité vivait encore, le tueur, lui, était mort. Or il faut, pour obtenir de la chambre criminelle une révision, avoir trouvé l'assassin de substitution. Nous disposons de trois exemples historiques : Dreyfus, évidemment, qui serait resté à l'île du Diable si Esterhazy n'avait pas été démasqué, Dils, qui serait resté en détention si Francis Heaulme n'avait pas croisé le chemin des deux enfants, et Seznec, qui demeurera coupable pour l'éternité puisqu'en dépit de tous les efforts déployés par son petit-fils pendant des décennies, celui-ci n'a pas été en mesure d'identifier le coupable permettant d'innocenter son grand-père. En France, mieux vaut effectivement l'erreur judiciaire que le crime impuni.

Au moment où j'écris ces lignes, Maurice est toujours vivant, toujours en prison quarante-trois ans après la disparition d'Agnès, ce qui est singulier puisqu'il a achevé la moitié de sa peine et qu'il a dépassé largement l'âge de quatre-vingts ans. Mais il ne demande pas pardon, Maurice, il a l'impudence de se prétendre encore et toujours innocent de la disparition d'Agnès Le Roux et il menace de coup de pied au derrière son fils Guillaume. C'est un mauvais sujet, Maurice, pour la juridiction de l'application des peines. Et puis sortir pour aller où ? Pour faire quoi ? Pour rencontrer qui, lui qui n'a plus aucun ami ?

Il y a des vies plus tragiques et romanesques que dans la plus grande des littératures.

Troisième Partie

MA QUESTION NOIRE

LES ANTILLAIS AUJOURD'HUI

D'indua seti ? *D'indua se* ? C'est la première question, la question rituelle qu'en langue corse ou en langue française tout Corse pose à un autre Corse qu'il a reconnu, le plus généralement à son patronyme. D'où êtes-vous ? D'où es-tu ? L'interrogé sera originaire par tel grand-père d'un petit village situé à 30 kilomètres maximum à vol d'oiseau du vôtre.

Besoin d'identifier l'identité, souvent d'avoir la satisfaction de ne s'être pas trompé. Les noms patronymiques, quasiment tous issus de prénoms corses, ont en effet une assise territoriale. Les Versini sont de la région du golfe de Sagone et les Campinchi, eux, sont originaires exclusivement du village de Calcatoggio. C'est sans doute de cela que je tire l'habitude systématique de poser la même question aux gens que je ne connais pas, soit parce qu'ils sont étrangers, soit parce que, français de souche, ils portent tel ou tel patronyme qui sent bon sa province. Ainsi suis-je très heureux d'avoir découvert que mon client et ami Radé est monténégrin. Comment peut-on être monténégrin ? C'est toujours pour moi un enrichissement, une satisfaction et, si l'interlocuteur m'explique qu'il est originaire de quatre parties du monde différentes, cela m'interpelle et m'enchante. Cerner l'identité des gens n'est jamais un moyen de les exclure, mais au contraire de leur parler, de les interroger, de les adopter. Certains manifestent une réticence à me répondre. Ils me disent : « Je suis du 78 » ou « du 93 », ou « je suis parisien. » Ce sont le plus souvent des Antillais et il faut que je leur dise que ma mère était antillaise, ma grand-mère de Fort-de-France et mon grand-père du Lorrain pour qu'ils sourient et acceptent de me répondre. Cette réticence, je tente de l'expliquer plus loin.

Aujourd'hui, mes parents se reconnaîtraient-ils dans notre pays ?

Mes parents, ce sont quelques personnes en fait, mes père et mère et leurs pères et mères. Charles Péguy a écrit un texte magnifique sur la famille des gens du commun :

> Le catholique, le français, le paysan se retourne vers sa race et de quelque côté qu'il remonte, il se heurte, aussitôt après son père, aussitôt après sa mère, à ce quadruple front d'illettrés. Ni son grand-père, ni sa grand-mère paternelle ; ni son grand-père ni sa grand-mère maternelle. [...]. Et il serait bien embarrassé de remonter plus haut. Étant pauvre et français, catholique et paysan il n'a pas de papiers de famille, ses papiers de famille ce sont les registres des paroisses. [...].
>
> L'homme se retourne vers sa race et aussitôt après son père et sa mère, il voit avancer ce front de quatre et aussitôt après, aussitôt derrière, il ne voit plus rien [...]. Pourquoi ne pas le dire, il s'enfonce avec orgueil dans

cet anonymat. L'anonyme est son patronyme. L'anonymat est son immense patronymat[1].

Péguy prenait évidemment le mot race dans son acception de parentèle et il réservait aux juifs, qui savaient lire depuis la Bible, et aux protestants, qui savaient lire depuis Calvin, le privilège d'avoir pu conserver une mémoire au-delà de leurs grands-parents. J'ajouterais les aristocrates, qui ne savaient peut-être pas plus lire que les manants, mais qui avaient leurs scribes.

Les quatre Pierre Versini successifs et mes Campinchi se reconnaîtraient probablement dans la Corse d'aujourd'hui. La Corse a toujours été une île violente où les antagonismes sont exacerbés. Mon père disait : « Trois Corses, deux veulent être capitaines et le troisième refuse d'être le soldat des deux premiers. » Ceci suffit à expliquer qu'il n'existe pas en Corse de mafia au sens de l'Italie du Sud, laquelle implique cohésion et obéissance.

Sans doute seraient-ils, mes grands-parents corses, ébahis qu'une partie de la population de l'île exprime un souhait de sécessionnisme avec le continent – je parle de mes Versini numéros deux et trois, le commandant de chasseurs à pied et l'avocat parisien. Ils seraient d'autant plus ébahis que pour leur part – l'attachement à la France rivé au cœur – ils auront pris la peine d'aller faire leurs épousailles de raison à l'occasion de leur

1. *Note conjointe sur M. Descartes et la philosophie cartésienne (fragments)*, in *La Nouvelle Revue française*, nouvelle série, 6e année, n° 69, Paris, NRF, 1er juin 1969, p. 188-190.

quasiment unique voyage en Corse. C'est dire que leur attachement à l'île était tout aussi fort, et qu'il était éminemment compatible avec celui qu'ils éprouvaient à l'égard de la République et de la Nation française.

Qu'en serait-il aujourd'hui de ma famille maternelle ? Que penserait-elle de la condition des Antillais aujourd'hui en France et, d'abord, a-t-elle souffert de n'être pas gauloise de souche ni blanche de peau ? C'est ma question noire.

J'ai un peu honte de ne pas écrire comme ma mère, mon grand-père et Martin Luther King l'auraient fait : « ma question nègre ». Honte comme un Juif qui se déclarerait aujourd'hui « israëlite ». La révolution sémantique, c'est-à-dire le retour au vocable qui convient, n'est pas faite de ce côté-là.

Quand j'écris « ma question nègre », ce n'est pas seulement à la Martinique, mais à l'Afrique que je pense. Curieusement, en faisant le calcul de mes années passées en Corse, en Picardie, aux Antilles et à Paris, j'ai omis peut-être l'essentiel, c'est-à-dire les quatre années de guerre passées dans la maison de fonction qu'occupait mon haut magistrat de grand-père à Dakar entre la fin de l'année 1940 et le printemps de l'année 1945. Peu de souvenirs évidemment, des flashes. Je peux cependant reconstituer la maison avec ses deux jardins potagers, sa façade et, derrière, sa cour où il y avait des poules. J'ai plus de mal à revoir Aminata, la fille de la cuisinière, qui avait mon âge. Je revois mieux les fantasias pétaradantes des spahis algériens à chaque fête patriotique (et pétainiste). Je revois surtout M'bour qui était un village de pêcheurs alors, au bord de l'Atlantique, et qui est aujourd'hui devenu un lieu de villégiature pour touristes.

À l'époque aussi, on allait au bain de mer à M'bour. Me voilà maintenant devant la plage infinie avec d'énormes rouleaux de mer tiède, les très très longues pirogues que des rameurs géants, noir-bleu comme peuvent l'être les Sénégalais, ramenaient sur la grève avant de tirer leurs immenses filets chargés de poissons, avec parfois un requin gigantesque plein de dents. Je me souviens des orages de pluie qui noyaient la case que nous habitions. Je vois encore ma maman Vivi m'installer un lit dans le rayonnage du haut de la grande armoire normande parce que tout le reste était inondé, et je vois ma tante Agnés-Finotte se coucher dans la même armoire à l'étage du dessous, et je vois ma maman Vivi entreprendre de faire le café dans l'encoignure d'une fenêtre, les pieds nus dans l'eau jusqu'aux genoux. Je m'endors et, lorsque je me réveille, le soleil brille et le sol de la case est déjà sec.

Pour des raisons professionnelles, je suis retourné de temps à autre en Afrique noire (le mot « subsaharienne » m'écorche).

Une de ces fois le hasard, qui n'existe pas, la ronde plutôt, m'a fait une grande surprise. C'était en 1991, quarante-six ans après mon départ du Sénégal. Je faisais le déplacement à Dakar pour voir un gentil et fort élégant jeune homme odieusement accusé d'avoir prêté son concours à l'assassinat du président du Conseil constitutionnel du Sénégal. Il était innocent, évidemment en prison, et bien lui en a pris puisque quelque temps plus tard il est devenu ministre. À l'occasion de ce bref séjour, j'ai cherché à toute force à retrouver la maison de mon grand-père. Je me souvenais d'un château d'eau au bout de la rue et de bâtiments bas en face de notre maison, des bâtiments qui ressemblaient dans mon souvenir à un hôpital.

Mon chauffeur de taxi a retrouvé l'endroit et je suis tombé en arrêt devant MA maison, ouverte à tout vent, abandonnée, manifestement destinée à être détruite. J'ai poussé la porte complètement rouillée et je suis entré. J'ai circulé partout, y compris sur la terrasse coloniale qui en faisait le tour, au bord des jardins devenus impraticables et dans la cour sans ses poulets. Cela a duré tellement longtemps que mon chauffeur est venu me chercher. J'avais les yeux embués, toujours la bête sensiblerie, aussi a-t-il entrepris de me consoler en me racontant que cette maison avait toujours été bien occupée et entretenue par de hauts fonctionnaires de l'État, et qu'elle n'avait été que très récemment abandonnée pour être détruite et reconstruite en plus moderne et plus beau.

Il riait aux éclats, mon chauffeur.

Comme chaque fois que je suis allé en Afrique noire, je me suis fait la réflexion qu'il s'agit bien là du seul territoire de la Terre où l'extrême dénuement n'interdit pas aux gens le rire.

Le rire chaleureux de ce chauffeur rejoint dans ma mémoire celui d'un monsieur très élégant, je dirais même séduisant, qui exerçait il y a quelques années, et peut-être encore aujourd'hui, la haute fonction de premier président de la cour d'appel de Brazzaville en République du Congo. Lui rendant visite à son bureau du palais de justice, je me suis mis à bêtifier en lui racontant qu'autour de 1935, mon grand-père Robert avait occupé le siège de la même première présidence alors qu'il s'agissait de l'Afrique Équatoriale Française.

Nous étions assis l'un en face de l'autre, chacun d'un côté d'une table basse sur laquelle reposaient, agencés de manière décorative, deux ou trois gros registres de cuir brun, de ceux que l'on n'ouvre jamais et dont on se borne à caresser délicatement le cuir. Et il part d'un grand rire, mon premier président, en ouvrant l'un de ces registres, celui, extraordinaire hasard, de l'année 1935. Je vois des arrêts tapés sur papier pelure, sans doute sur une vieille Remington, et ces arrêts-là portent à l'encre verte la signature *Robert Attuly.*

La ronde toujours.

Au-delà de ma famille maternelle, aurais-je souffert moi-même de n'être pas gaulois de souche et blanc de peau ? C'est une question que je me pose aujourd'hui que j'écris et qui ne m'a jamais effleuré auparavant. Quand j'avais dix ans, dans mon village de l'Aisne, des ouvriers agricoles m'avaient interpellé un jour : « Tiens, v'là la négresse à plateau ! » J'avais certes dix ans, mais ça m'a laissé indifférent et plutôt amusé. C'était aussi extravagant que s'ils m'avaient traité de martien ou de blond, « Tiens, v'là le blond ! » Je n'étais pas psychologiquement plus armé qu'un enfant de dix ans, mais j'avais déjà compris qu'ils se croyaient spirituels et que je n'en avais rien à battre.

L'allusion au fait que j'étais le petit de la maison Agricole pour me désigner était claire, ils m'identifiaient, peu importait la formulation.

Plusieurs années plus tard, cette fois à Paris, habillé comme les petits-bourgeois de l'époque voulant se la jouer faubourien canaille, j'ai été plusieurs fois interpellé par de braves vieux Algériens perdus dans le métro qui m'arrêtaient pour me demander leur chemin, en arabe. Je savais qu'il ne fallait pas les vexer, je levais les mains en signe d'incompréhension donc d'impuissance à leur venir en aide et, chaque fois, ils me prenaient pour un renégat qui jouait au Français qui ne sait plus l'arabe et ils partaient fâchés avec imprécations et insultes. Cela me désolait un peu et cela me faisait rire, j'avais parfaitement conscience de faire bicot, cheveux noirs plutôt bouclés, teint bistre, tenue vestimentaire. Mais humiliation ? Pas du tout.

En 1958, le FLN a fait tirer à Paris contre les policiers en pèlerine et bâton blanc, il a attaqué des commissariats. On a installé devant lesdits commissariats des casemates de protection avec des gardiens de la paix munis de fusils dont ils avaient l'air d'être bien embarrassés. Dans le même temps on a organisé des rondes d'agents en uniforme qui arrêtaient au faciès, qui n'arrêtaient même qu'au faciès évidemment.

Au faciès ! Aujourd'hui, avouer le faire, c'est émeute et manifestation de solidarité.

Traînant fort tard dans les rues, j'étais régulièrement arrêté : « Vos papiers ! » Je n'avais jamais de papiers sur moi, j'expliquais aux policiers dans un français sans accent que je n'étais pas algérien, que je rentrais chez moi, etc. À m'entendre, ils laissaient tomber après m'avoir engueulé pour traîner à pas d'heure pendant cette période dangereuse. Je ne me crois pas d'une complexion particulière, mais j'ai toujours considéré la chose comme naturelle et même indispensable, j'entends l'arrestation au faciès. Je ressemblais à un jeune fellaga, il ne s'agissait pas de me laisser me promener par les temps qui couraient sans me contrôler. Ils faisaient donc, ces policiers, ce qu'ils devaient faire et je ne me considérais absolument pas comme humilié par leur méprise.

Ceci me rappelle une anecdote que racontait mon grand-père Robert.

Il avait, au gré des affectations, croisé plusieurs fois Félix Éboué, le gouverneur général de l'Afrique-Équatoriale Française qui a été le premier haut fonctionnaire de l'État à rejoindre de Gaulle dès le mois d'août 1940. Il est l'un des cinq premiers Compagnons de la Libération. Éboué, guyanais d'origine martiniquaise ou guadeloupéenne, était noir, même encore plus que mon grand-père. Il ressemblait plutôt à Senghor ou à tout autre Africain du golfe de Guinée qu'à un Antillais banal. Un jour donc, racontait mon grand-père, Félix Éboué, alors gouverneur de je ne sais plus quelle colonie, reçoit la énième visite d'un de ses compatriotes antillais, lui-même administrateur des colonies, appelons-le Martin.

Ce Martin vient se plaindre une fois encore d'être « discriminé » par ses « collègues blancs », une discrimination sourde, sans la moindre expression concrète, dissimulée, donc bien entendu la pire, celle qu'on ne peut pas prouver, mais que ce brave homme ressentait comme une plaie ouverte. Excédé, Félix Éboué convoque en présence de Martin son chef de cabinet, et de lui dicter un décret à exécution immédiate : « À partir de ce jour, le gouverneur général et monsieur l'administrateur Martin sont blancs ! »

Cette potacherie faisait rire aux larmes mon grand-père et toute sa maisonnée, qui avait écouté l'histoire à maintes reprises. En ce temps-là, la couleur de la peau, dans mon environnement maternel, était traitée comme une couleur de cheveux : pas plus difficile d'être noir que d'être roux. Ils étaient simplement différents de la majorité de leurs concitoyens, un point c'est tout. Pour ce qui est de moi, je confesserai que, jeune homme, j'ai toujours trouvé grands avantages à mon métissage.

Mon grand-père était un grand émotif. Une émotion lui mettait très vite les larmes aux yeux sans qu'il ait été nécessaire que l'événement soit objectivement sérieux, douloureux ou émouvant. J'ai hérité de cette extrême délicatesse de complexion : je ne peux pas entendre la Marseillaise, voir un défilé militaire – et pas seulement un défilé français, les Écossais en kilts et leurs cornemuses m'achèvent – ou voir la fin d'un film de John Ford sans avoir les yeux rougis de larmes. Je me souviens ainsi d'un western de John Ford où Spencer Tracy joue le rôle du maire d'une petite ville qui à la fin du film suit seul, avec un chien, le corbillard de la prostituée. Et puis, pendant le long chemin à travers le bourg, jusqu'au cimetière, les gens finissent un à un par se joindre à lui et au chien, ça commence par le maréchal-ferrant pour finir avec les rombières endimanchées et je glisse petit à petit sous mon siège jusqu'au moment où ma fille, dix ans environ alors, dit très fort : « Papa, pourquoi tu pleures ? »

Sensiblerie bêtifiante je vous le concède, héritée de mon grand-père.

Or les deux émotions dont je me souviens qu'elles ont eu trait à son physique relèvent de sa barbe, qu'il portait carrée et blanche avec de gros sourcils tout noirs. La première fois, nous l'avons vu rentrer décomposé pour avoir été, à la porte du métro, montré du doigt par un ivrogne : « Landru ! » C'est vrai qu'il avait les yeux perçants et la barbe de commun avec Landru. Long débat sur « je la coupe ou je ne la coupe pas ? »...

La deuxième fois, idem, c'est un cycliste qui manque le renverser alors qu'il traversait le boulevard du Palais sans aucunement faire attention : « Mort au barbu ! » Heureusement, la semaine suivante, le même titi le revoit au même endroit et crie : « Vive le barbu ! »

« Sale nègre » l'aurait certainement affecté beaucoup – enfin, proféré par un quidam, car il riait à l'injure suprême de sa chinoise d'épouse qui, lorsqu'elle était particulièrement en colère parce qu'il avait encore oublié de fermer la fenêtre et que tous ses papiers s'étaient envolés, s'exclamait : « Robert, tu n'es qu'un... tu n'es qu'un nègreuu ! »

Bref, je ne peux pas me rappeler une humiliation raciste subie par ma famille.

Jamais victime de discrimination raciale, ce grand-père maternel « assimilé gaulois », commandeur de la Légion d'honneur, conseiller à la Cour de cassation et membre de l'Académie des sciences d'outre-mer, n'a pourtant jamais renié ni même oublié ses origines. Retraite atteinte, il s'est aussitôt lancé dans la fondation du CASODOM dont il a été le premier président. Le CASODOM, ce vilain sigle veut dire Comité d'action sociale en faveur des originaires des départements d'outre-mer. Il est en partie à l'origine de l'arrivée en France de beaucoup d'agents de police, d'infirmiers, d'infirmières, de postiers et de quantité de petits fonctionnaires qui ont curieusement succédé aux Corses de l'avant-guerre. Les martiniquais ne l'ont pas oublié et s'est au titre de cette présidence-là que la ville de Fort-de-France, Aimé Césaire, « l'indépendantiste », étant maire, a donné son nom au boulevard qui borde le Lycée Victor Schœlcher, le premier de l'île, dont sont issus trois des martiniquais les plus connus, Aimé Césaire lui-même, mais aussi Édouard Glissant et Frantz Fanon. Il se savait d'autant plus identifié par sa couleur de peau mon grand-père, qu'il a souffert toute sa vie d'un drame dont il a été acteur.

C'était sans doute dans les années vingt. Il assumait dans un pays d'Afrique centrale, probablement à Bangui ou à Brazzaville, les fonctions d'avocat général, ce qui lui conférait l'obligation de requérir en cour d'assises. Or il est advenu qu'il a dû requérir la peine de mort contre un malheureux sorti tout droit de la brousse la plus profonde, qui ne parlait pas un traître mot de français et qui avait commis le crime d'anthropophagie. Il existait encore des anthropophages, tradition évidemment liée à des pratiques de sorcellerie que la République et l'Église catholique voulaient absolument éradiquer.

Condamné à mort, le brave homme traînait dans sa prison presque toujours ouverte, il faisait le jardin potager, il avait appris le français, tout ceci en attendant que la Cour de cassation se prononce sur son sort. Cela a pris des mois, peut-être des années, mais un jour il a fallu appliquer la loi et l'exécuter.

À l'époque, en Afrique, on fusillait les condamnés à mort.

Les accusateurs publics, comme l'avait été mon grand-père avocat général devant la cour d'assises, avaient l'obligation d'assister à ces exécutions avec d'autres, avocat, médecin, greffier, directeur de la prison, gardien-chef, tous blancs. Donc le matin de l'exécution, il est debout à côté des douze tirailleurs en uniforme qui vont fusiller. Lorsque le condamné sort de sa cellule, il est d'abord ébloui, puis il regarde tout le monde très vite. Parmi tous ces hommes en blanc qui sont tenus par la loi à assister à l'exécution, il distingue le petit monsieur noir dans son costume blanc, mon grand-père, il se tourne vers lui, le regarde fixement et, avant qu'on lui bande les yeux, il se met à hurler : « Papa, sauvé-moi ! Papa sauvé-moi ! »

Mon grand-père ne s'en est jamais tout à fait remis.

Plus paisiblement, il aura passé une partie de ses loisirs dans les très nombreux pays de l'Afrique noire où il a exercé le métier de magistrat à rechercher d'où lui et sa famille antillaise pouvaient venir. Du Sénégal ? du Soudan (aujourd'hui le Mali) ? de la Haute-Volta (aujourd'hui le Burkina Faso) ? de Guinée ? Il n'existait nulle part, ni en Afrique, ni aux Antilles, de traces de ces origines et l'Afrique est proprement immense, une fois et demie plus grande que ne l'était l'Empire russe des tsars. Aussi, il avait imaginé de chercher des sources par l'étude des contes, produits de tradition orale d'une société analphabète. Il existait aux Antilles un grand nombre de contes destinés aux enfants et mon grand-père a rempli de grands cahiers aujourd'hui disparus de ces contes antillais, qu'il se faisait envoyer par des amis de la Martinique et de la Guadeloupe pour les comparer aux contes des pays africains où il était établi.

Il n'a jamais réussi à établir une concordance, ni donc à reconstituer un cheminement de ces esclaves qui étaient ses aïeux, et il a fini par décider que nous venions du Dahomey – le Bénin d'aujourd'hui – parce qu'il trouvait les Dahoméens plus vifs que leurs voisins ! C'était une boutade puisqu'il savait bien que, si Béhanzin et ses précurseurs, rois du Bénin d'alors, avaient été de grands pourvoyeurs d'esclaves, ils allaient évidemment les chercher ailleurs que dans leur propre tribu, très loin, soit dans les grandes forêts équatoriales qui entouraient son pays, soit vers le nord jusqu'au désert.

À l'occasion de ses études sur les mouvements de population susceptibles d'avoir été opérés quatre siècles durant vers les Amériques, il avait cependant touché un tabou, un de ces sujets dont on ne traite pas ou dont on ne traite qu'à voix basse. Il s'agissait précisément de l'autre traite, l'orientale, celle des noirs d'Afrique réduits en esclavage qui auraient été, selon les historiens, de 12 à 17 millions à être transportés vers les pays de l'Islam, l'Arabie et le Maghreb – le chiffre exact est discuté – alors que la traite occidentale en a déporté aux Amériques environ onze à douze millions.

Ce qui avait stupéfié mon grand-père, c'est le silence abyssal de toute l'administration française et de tous les historiens sur ce fait singulier qu'en treize siècles, entre le VIIe et le XXe siècle, aucun Harlem, aucune Jamaïque, aucun Atlanta, aucun Belem, Bahia ou Recife n'avait pu se créer dans les pays du Maghreb ou de la péninsule Arabique. D'un côté on trouve au moins 70 millions d'Afro-Américains, de l'autre côté zéro Afro-Arabe. « Qu'ont-ils fait de nos négrillons ? » se demandait mon grand-père. Tabou. Personne ou quasiment personne n'a osé s'intéresser à cette question à voix haute jusqu'à tout récemment. Fernand Braudel est peut-être un des rares historiens majeurs à y avoir fait une allusion, dans *Grammaire des civilisations*[2] où il écrit au détour du sujet :

2. Fernand BRAUDEL, *Grammaire des civilisations*, Paris, Arthaud, 1987 ; Flammarion, 1993, coll. « Champs », 2013. Il est à noter que ce livre est une reprise partielle du manuel de terminale *Le Monde actuel. Histoire et civilisations*, Paris, Belin, 1963. Dans les années soixante, Braudel était en effet impliqué dans la réforme du système éducatif, et il souhaitait voir émerger une approche radicalement nouvelle de l'histoire.

Le commerce des hommes a été un fait général et de toutes les humanités. L'Islam, civilisation esclavagiste par excellence, n'a inventé lui non plus ni l'esclavage ni le commerce des esclaves.

Mais il ajoute :

Sans affirmer qu'une des traites négrières (vers l'Amérique) a été plus humaine ou moins inhumaine que l'autre (vers l'Islam), on notera ce fait important pour le monde noir actuel qu'il y a aujourd'hui des Afriques vivantes dans le nouveau monde. De forts noyaux ethniques se sont développés et perpétués jusqu'à nos jours, au nord et au sud de l'Amérique tandis qu'aucune de ces Afriques exilées n'a survécu en Asie ou en terre d'Islam.

Au-delà de ces quelques lignes, rien. Même dans des ouvrages d'histoire beaucoup plus récents et documentés. Pire, le professeur Pétré-Grenouilleau, expert de l'histoire de l'esclavage – qui n'a pourtant pas soulevé de tabou – a été agressé verbalement et même menacé pour avoir en 2004 intitulé son ouvrage magistral *Les Traites négrières*[3]. En effet, pour certains de mes compatriotes antillais, ce pluriel est une insulte faite aux esclaves noirs qui ont peuplé la Caraïbe. Il faudra attendre 2008 pour voir écrit, noir sur blanc, un titre qui résume le sort des « négrillons » de la traite orientale : *Le Génocide voilé*[4]. L'auteur du livre,

3. Olivier PÉTRÉ-GRENOUILLEAU, *Les Traites négrières. Essai d'histoire globale*, Paris, Gallimard, coll. « Bibliothèque des Histoires », 2004.

4. Tidiane N'DIAYE, *Le Génocide voilé. Enquête historique*, Paris, Gallimard, coll. « Continents Noirs », 2008 ; réédition coll. « Folio », 2017.

Tidiane N'Diaye, un anthropologue franco-sénégalais musulman, y explique comment et pourquoi les esclaves ont été empêchés de se reproduire entre eux ou d'engendrer des métis d'Arabes ou de Maghrébins.

Nouvelle oblitération cependant en 2018, c'est-à-dire hier. Madame Coquery-Vidrovitch, professeur des universités et spécialiste de l'histoire de l'Afrique, a publié un livre, au demeurant accablant pour les négriers : *Les Routes de l'Esclavage. Histoire des traites africaines VIe-XXe siècle*[5].

Or, bien que remontant ainsi jusqu'au tout début de la traite islamo-arabe, cette universitaire n'a pas écrit une ligne, pas un mot, sur cette réalité extraordinaire : ce n'est pas qu'il y ait moins de noirs et de métis dans le Maghreb, le Machreq et la péninsule Arabique, il n'y en a tout simplement pas du tout ! Ce silence, cette oblitération d'un fait pourtant saisissant comme une photographie de Nadar est la preuve qu'on touche bien là un tabou.

Je fais cette digression parce que je ne supporte pas cette exigence de repentance que tentent d'imposer en France certains de mes compatriotes intellectuels antillais, qui voudraient jusqu'à déboulonner la statue de ce brave Colbert et débaptiser certaines de nos rues sans jamais même se poser la question de ce qui s'est produit pendant beaucoup plus longtemps, juste à côté, à l'est de l'Afrique. L'esclavage, pour mon grand-père, était un fait historique et économique. Ce fait s'est produit,

5. Albin Michel/Arte Éditions.

des millénaires durant et pas seulement au détriment des noirs d'Afrique – « esclave » vient du mot *slave* –, il n'appelle ni reconnaissance immense pour ceux qui ont permis de l'interdire au milieu du dix-neuvième siècle, ni exigence de pardon de la part des arrière-arrière-petits-enfants de ceux qui ont fait ce commerce-là. Pour ma part, lorsque j'entends les lamentos de ceux qui demandent aux blancs d'expier et de se couvrir la tête de cendres, j'ai des envies de leur dire – c'est une boutade de dernier degré je le précise – que bienheureux je suis qu'un de mes aïeux ait été déporté à la Martinique, faute de quoi, peut-être, mes petits enfants seraient en train d'essayer d'éviter, présentement, de se noyer dans la mer Méditerranée. Cette victimisation a tellement envahi les esprits qu'il est apparu indispensable aux autorités politiques de notre pays d'ériger l'esclavage en un crime contre l'humanité alors même qu'il n'est plus pratiqué en Occident depuis cent soixante ans au moins, que les Américains (blancs) se sont entretués pour son abolition et que les Occidentaux sont les seuls au monde à en avoir poursuivi jusqu'aujourd'hui l'éradication.

Les Antillais de la génération de mes grands-parents, *a fortiori* leurs enfants nés en France, n'étaient pas seulement intégrés, mais complètement assimilés. Mon grand-père est un des rares parmi ses amis boursiers de la Martinique dans les années 1900 à avoir épousé une Martiniquaise plutôt qu'une métropolitaine. Il est vrai que ma grand-mère était très belle. Gabrielle Crosfils, pour moi une quasi-inconnue, je ne sais rien de rien de sa parentèle alors qu'il s'agit simplement de mes arrières-grands-parents maternels. Je sais tout au plus qu'elle devait appartenir à la bourgeoisie noire de l'île de la Martinique pour être devenue avocate à Paris à vingt-cinq ans.

Certains « métropolitains » – c'est le terme antillais ou polynésien et réunionnais pour distinguer les Français de France des Français d'outre-mer, en Corse on dit « continentaux » – n'étaient assurément pas moins xénophobes ni moins racistes qu'aujourd'hui. C'était le temps où on exhibait benoîtement des habitants de la forêt équatoriale dans des expositions coloniales (en 1937 encore) et c'était le temps où l'antisémitisme bourgeois sévissait à un point tel qu'il a pu provoquer cette boutade grimaçante de Bernanos : « Hitler nous a gâché l'antisémitisme ! » Mais jusqu'aux années 1970 environ, il y a eu peu de discrimination qui ait frappé les Antillais, parce que ceux qui arrivaient en métropole étaient instruits, appartenaient à la petite bourgeoisie provinciale, venaient souvent faire des études supérieures et étaient peu nombreux. Les bourgeois métropolitains les accueillaient sans réticence et, la première impression de surprise passée, ils acceptaient que leurs filles épousent, un parfum d'exotisme...

On a eu récemment une illustration cinématographique de cette atmosphère-là dans un film qui a fait en France, mais en France seulement – il a été boycotté dans les pays communautaristes anglo-saxons et même interdit comme portant atteinte aux minorités ethniques de ces pays-là (!) – un triomphe,

10 millions de spectateurs, le champion du Box-Office : *Qu'est qu'on a fait au Bon Dieu ?*

Les Gaulois s'y sont retrouvés avec la meilleure conscience du monde, mais l'explication est simple : les filles et les garçons appartiennent à la même société bourgeoise, instruite, même le papa en boubou pour faire provoc », et si certains des garçons ne sont pas catholiques, ils sont agnostiques.

Je ne suis pas certain qu'un film, cinquante fois meilleur, aurait aujourd'hui, plus de trente ans après sa sortie, le succès public qu'il a eu à son époque : *Black Mic-Mac*, où l'on voit Jacques Villeret, inspecteur des services de l'immigration, subjugué et englouti pour son bonheur par une grande famille sortie tout chaud de la brousse. Le nombre a changé la perspective et la perception.

Vous vous posez parfois la question : antillais ou africain ? La réponse souvent est simple. Dans les services publics, ce sont des nationaux et donc toujours des Antillais. Vous vous posez la question parce que vous confondez Antillais et Africains. Moi aussi, je me trompe une fois sur deux. Mais vous vous posez de moins en moins la question : ce sont les « *black* ». Et voilà bien un deuxième gros tabou de notre société. Un sujet non politiquement correct dont strictement personne ne parle. D'ailleurs, les métropolitains l'ignorent de bonne foi et nos communicants qui se répandent dans les médias n'en soufflent jamais un mot lorsqu'ils traitent des « noirs » français comme ils le font épisodiquement des francs-maçons et des juifs.

Le sujet, c'est la dissolution, au sens chimique du terme, des Antillais noirs de peau dans l'océan africain. Ils sont tous devenus les « *black* », sans distinction, alors même qu'ils n'ont rien en commun sauf le sens du rythme, le goût du piment et la couleur de la peau – encore que pour le piment, celui des Antilles, le plus puissant du monde entier, n'a rien de comparable avec les petits piments d'Afrique.

L'humiliation non exprimée des Antillais ne procède pas d'une discrimination des Gaulois à leur égard, mais d'une confusion que font ces derniers entre les noirs d'Afrique et les Antillais, confusion qui procède pour l'essentiel du refus du système français de faire des distinctions entre ses enfants.

Or un Antillais, quelle que soit sa classe sociale, est infiniment plus proche, par l'instruction, l'histoire, la religion, la culture, la coutume, le mode de vie, l'habillement, les goûts, d'un métropolitain que d'un Africain, et cela pas seulement du fait que les uns roulent les « r » alors que les autres les effacent.

Les Antillais sont en fait des Gaulois de la couleur café à la couleur vanille en passant par l'ébène, l'acajou, le miel, le caramel et bien d'autres nuances.

Sur ce point d'arc-en-ciel, les Anglo-saxons, gens pragmatiques, sont plus clairs et moins timides : ils disent *colored* pour distinguer ce qui n'est pas blanc de ce qui l'est.

En France, la discrimination par la seule couleur de peau s'est faite lentement et a fini par rejeter une partie de notre population des Amériques et de l'océan Indien vers la « négritude » chère à Aimé Césaire.

Ce n'est assurément pas lié à une modification du regard des Français de souche, mais c'est bien une conséquence du nombre d'immigrés d'Afrique noire.

Le passage des immigrés de l'état liquide à l'état solide, la « solidification » – le français est une langue très pauvre en comparaison des langues inuites pour exprimer le mouvement imperceptiblement progressif de l'océan vers la banquise –, cette solidification est un phénomène inévitable. Elle se produit quand on atteint un certain seuil d'immigration de populations non aisément intégrées, et moins encore assimilables. Les concepts de droit des gens, de droit d'asile ou de droit des réfugiés perdent alors leur signification originelle et donc toute efficacité.

Les autochtones deviennent de moins en moins accueillants et les discours politiques « politiquement corrects », deviennent inaudibles. Le sentiment profond de ne pas pouvoir assimiler, même s'il est rarement exprimé, est la pierre angulaire du problème français.

Pourtant, la population de notre pays accepte les immigrés comme aucun pays au monde.

Une étude le démontre. Elle est tirée d'un ouvrage d'Emmanuel Todd paru en 1994, du temps où il n'était que démographe, *Le Destin des immigrés*[6].

6. *Le Destin des immigrés. Assimilation et ségrégation dans les démocraties occidentales*, Paris, Seuil, coll. « L'histoire immédiate », 1994 ; réédition coll. « Points », « Essais », 1997.

Il a étudié l'exogamie masculine et l'exogamie féminine en Allemagne et en France.

Parmi les naissances de père turc, la proportion d'enfants ayant une mère allemande est passée de 1 % à 4,4 % entre les années 1975 et 1990. Parmi les naissances de père algérien, la proportion de ceux qui ont une mère française est passée de 12,5 % à 19,4 % pendant la même période.

Pour ce qui est de l'exogamie féminine, c'est plus significatif encore. Parmi les naissances de mère turque, la proportion d'enfants ayant un père allemand est passée de 1975 à 1990 de 0,5 % à 1,2 %. Pour les naissances de mère algérienne, la proportion d'enfants, en France, dont le père n'est pas algérien, est passée de 6,2 % en 1975 à 27,5 % en 1990.

Emmanuel Todd écrit :

> Toutes les estimations concernant les Algériens en France conduisent donc à des taux nettement supérieurs à ceux des Turcs en Allemagne et révèlent une tendance à la hausse qui n'a pas son équivalent outre-Rhin. Pour les individus entrés jeunes en France ou en Allemagne francophone ou germanophone à l'âge adulte, le contraste est absolu si l'on s'en tient à la comparaison des individus entrés jeunes en Europe et socialisés en France ou en Allemagne. Le taux d'exogamie des hommes algériens doit être deux à trois fois celui des hommes turcs. Le taux d'exogamie des femmes algériennes doit être dix à quinze fois celui des femmes turques.

Ce qui est écrit pour les Algériens n'est sans doute pas moins vrai pour les Tunisiens, les Marocains et les « Subsahariens », pour utiliser le jargon moderne.

Bien sûr, je laisse de côté les pays anglo-saxons où l'exogamie relève de l'accident.

Malheureusement, la machine à assimiler se grippe dès lors que le nombre d'immigrés de culture et surtout de religion différente de la nôtre dépasse un seuil invisible, qui semble aujourd'hui être considéré par une part importante des habitants de notre pays comme atteint. Nous avons en outre une difficulté spécifique qui tient au fait que nous ne supportons pas, nous autres Français, que se forment sur notre territoire des communautés ethniques ou religieuses autonomes. C'est en effet incompatible avec l'idée que se font les Français de leur nation.

Or il s'en forme sous nos yeux par un double mouvement : les autochtones quittent les quartiers où se concentrent des populations non encore intégrées et, parallèlement, ces populations s'organisent en communautés autonomes comme il en existe déjà dans les pays du nord de l'Europe et les pays anglo-saxons.

Ce communautarisme-là ne répond pas, comme ce fut le cas aux États-Unis d'Amérique, à une nécessité ressentie par les groupes de populations émigrées de se porter mutuellement secours, mais, je le crains, à une volonté de ces populations de conserver en France leurs croyances, leurs mœurs et leur « homogénéité ethnique », formule savante trouvée à la lecture du *Monde*, une manière d'éviter le terme déplaisant de « racisme ».

Nonobstant les criailleries, il existe bien en France un racisme « anti-blanc ». Je mets le mot entre guillemets parce que, politiquement, le concept ne se conçoit que lorsqu'il s'agit de la discrimination imposée par une majorité à une minorité, ce qui n'est évidemment pas le cas en France aujourd'hui. Pour les Antillais, c'est un drame !

À l'exception bien sûr de ceux qui font partie de la petite ou de la moyenne bourgeoisie nationale et qui sont assimilés, les Antillais sont de plus en plus happés par les communautés noires d'origine africaine : mêmes lieux d'habitation, opérations d'assimilation à cette vaste communauté dominée par les Africains, même si les Antillais sont par ceux-ci à la fois méprisés (descendants d'esclaves) et enviés (citoyens français donc fonctionnaires).

C'est un drame sourd et aveugle qui ramène les Antillais à leur seule couleur de peau et les en rend captifs, engloutis qu'ils sont dans la « blackitude ». Les autochtones assimilent mes compatriotes des Antilles aux immigrés africains. Par conséquent ils chercheraient bien, eux aussi, à se communautariser, mais ce n'est pas possible : ils ne sont pas assez nombreux et, de surcroît, ils sont trop intégrés aux mœurs, aux valeurs et à la culture des métropolitains. Alors, soit ils parviennent à être des Gaulois comme les autres, soit ils sont engloutis, certainement malgré eux, par la communauté africaine.

Cette situation crée des souffrances, très peu prennent la parole. Toutefois le plus célèbre d'entre eux, le footballeur Lilian Thuram, l'a fait. Peut-être beaucoup de

Français ignorent-ils qu'il n'est pas du tout africain. Il est complètement guadeloupéen. C'est pourquoi il se plaint. Je retiens ses propos lors d'un entretien avec le média en ligne *Brut* le 21 septembre 2018 – diffusé sur Twitter – qui aurait bouleversé mes grands-parents et tous les Antillais du temps que j'étais petit garçon :

> Depuis l'âge de neuf ans [il arrivait alors de Guadeloupe], on m'a expliqué que j'étais noir et que j'étais inférieur. Vous ne vivez pas l'espace public de la même façon lorsque vous êtes une personne de couleur noire. [...] En plus, lorsque vous êtes humilié en tant que personne noire, on vous demande d'accepter. Si jamais vous revendiquez et vous dénoncez, on ne vous comprend pas, on finit par croire que vous avez un problème, vous. C'est extrêmement triste, mais c'est la société dans laquelle nous vivons. Lorsque vous êtes une personne noire, vous avez déjà intégré depuis très longtemps que vous vivez dans ce monde-là. Parce que c'est ça en fait, les gens ne se rendent pas compte. Quand vous êtes une femme, je pense que vous avez intégré aussi que... peut-être que vous allez dire quelque chose, on ne va pas vous prendre au sérieux comme on prendrait au sérieux un homme. Parce qu'en fait ceux qui sont dominés sont conscients de cette domination, mais lorsque vous le dénoncez, quelque part vous n'êtes pas bien compris, on vous prend pour un rebelle. Pourquoi ? Parce qu'en fait on vous demande de changer. Je pense que toute personne blanche devrait réfléchir à savoir : « est-ce que parfois je ne réfléchis pas comme une personne blanche ? »

Ce discours, peut-être excessif, exprime une vraie douleur et une réalité.

Ce propos est partagé sous une forme beaucoup plus littéraire, plus intellectuelle, par une jeune romancière, Tania de Montaigne qui a écrit un petit texte percutant, pertinent et impertinent dont le titre est *L'Assignation*[7]. Assignation à sa couleur de peau comme les malfaiteurs ou les doctrinaires dangereux sont « assignés à résidence ». Mais comme tout n'est pas que sombre, Tania de Montaigne a pris pour sous-titre de *L'Assignation,* une formule qui, si elle vivait aujourd'hui, aurait enchanté ma mère : *Les Noirs n'existent pas.*

Les propos de Lilian Thuram, comme le livre de Madame de Montaigne, n'auraient pu être écrits par un Africain.

Un Africain en effet, quelle que soit sa condition – qui parfois peut le faire se sentir exclu ou maltraité – ne ressentira jamais une humiliation qui résulte de la couleur de sa peau : il est noir parce qu'il est Africain, il pense et il se vit en Africain, même s'il est un citoyen français, et même s'il a été admis dans l'illustre Académie française comme le normalien agrégé de grammaire Leopold Sédar Senghor.

Certainement, les Antillais de ma jeunesse auraient souffert de voir sourdre une forme de détestation de leur France, une détestation enfouie, une détestation larvée, par défaut de reconnaissance : les Antillais d'aujourd'hui sont devenus invisibles, comme en marge de la communauté nationale.

7. Tania DE MONTAIGNE, *L'Assignation : Les Noirs n'existent pas,* Grasset, 2018.

La communauté nationale, comme me l'a rappelé un ami cher, mon confrère Jean-Pierre Gastaud, c'est à la fois une frontière et des mythes.

La frontière, elle a été construite par la violence, jusqu'à ce que cette violence rencontre une violence équivalente et que soient tracées alors par les belligérants les limites du territoire.

Les mythes, c'est le « *mensonge partagé* », nos ancêtres les Gaulois, le vase de Soissons, les victoires de Jeanne d'Arc, la tranchée des baïonnettes de Verdun, l'exagération historique qui se transforme en légende, laquelle se transmue en un mythe qui crée, sur le territoire, la Nation.

Certains d'entre mes Antillais, pour une couleur d'épiderme, ne se croient plus ou se vivent de moins en moins « gaulois », et certains d'entre eux en souffrent.

Pour ne pas terminer sur une note triste, je vais laisser la plume à ma mère, Marcelle, qui parle beaucoup mieux que moi de la France. Si vous m'avez lu jusqu'ici, vous savez que ce sont les seuls textes que j'ai conservés d'elle, qui pourtant a tant écrit.

Ce sont de petits poèmes en prose écrits à Buenos Aires en 1942-1943, alors qu'elle y était exilée par la guerre, et adressés à sa sœur Rolande restée à Paris. Ils racontent la débâcle de juin 1940 et l'exode de la population civile du nord de la France. Le « petit » c'est moi.

Peut-être, après tout, n'ai-je écrit ce livre-ci que pour voir ma mère, Marcelle, publiée.

Pour publier son hymne à sa France.

Ambleny, France
1930

Borgo à Calcatoggio, Corse
1935

Gabrielle Attuly
(grand-mère maternelle)

Robert Attuly
(grand-père maternelle)

Marcelle Attuly
(Mère)

Agnès (Finotte), Victoire et Louisette
(Les trois mères)

Pierre Agricole

César Campinchi
(avec Paul Reynaud et George Mandel, 1939)

Letizia Versini
(grand-mère paternelle)

Pierre (IV)
Versini-Campinchi
(Père)

L'auteur de ce livre, vers 20 ans.

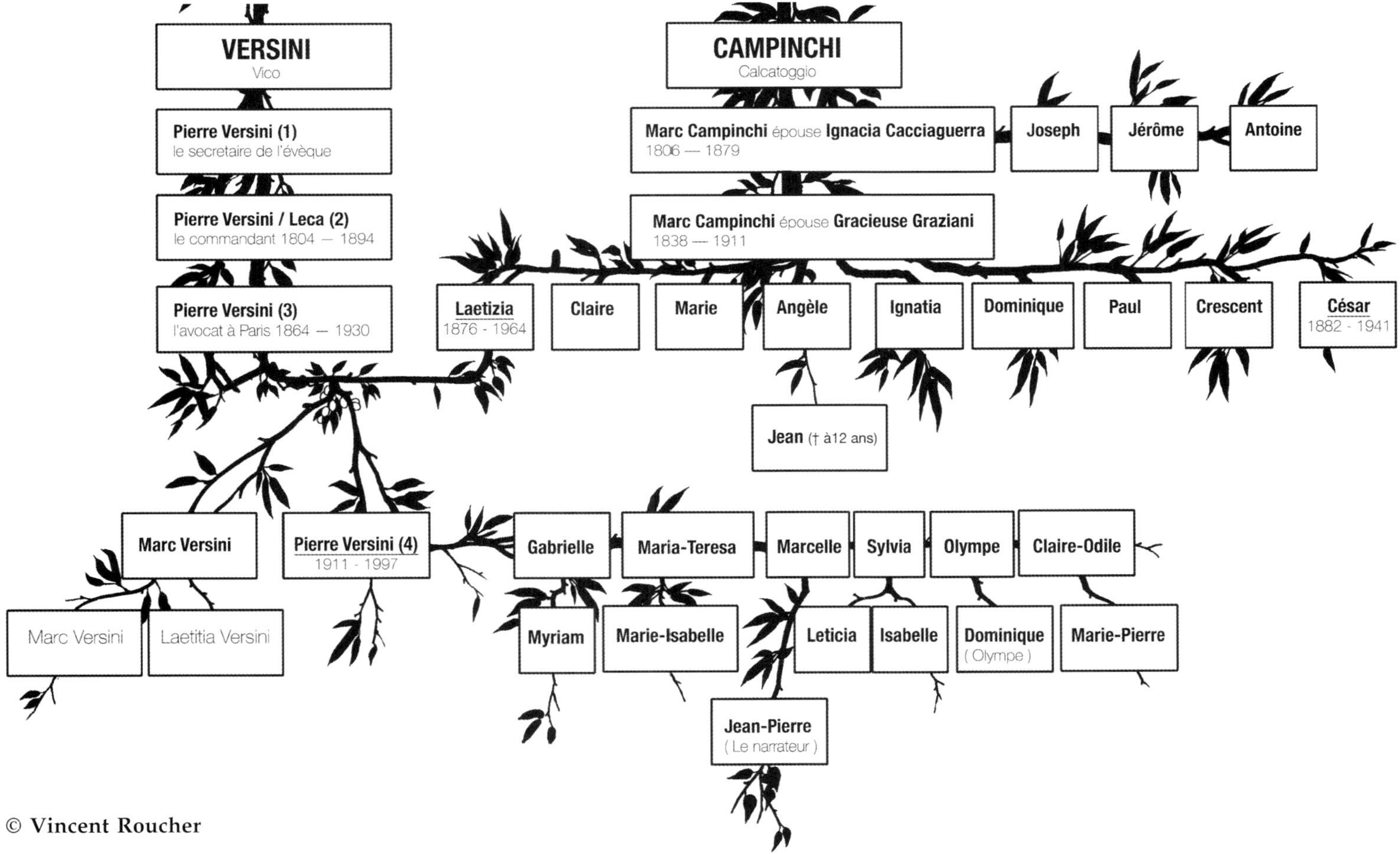
VERSINI
Vico
Pierre Versini (1)
le secretaire de l'évèque
Pierre Versini / Leca (2)
le commandant 1804 — 1894
Pierre Versini (3)
l'avocat à Paris 1864 — 1930
CAMPINCHI
Calcatoggio
Marc Campinchi épouse Ignacia Cacciaguerra
1806 — 1879
Joseph
Jérôme
Antoine
Marc Campinchi épouse Gracieuse Graziani
1838 — 1911
Laetizia
1876 - 1964
Claire
Marie
Angèle
Ignatia
Dominique
Paul
Crescent
César
1882 - 1941
Jean († à12 ans)
Marc Versini
Pierre Versini (4)
1911 - 1997
Gabrielle
Maria-Teresa
Marcelle
Sylvia
Olympe
Claire-Odile
Marc Versini
Laetitia Versini
Myriam
Marie-Isabelle
Leticia
Isabelle
Dominique
(Olympe)
Marie-Pierre
Jean-Pierre
(Le narrateur)

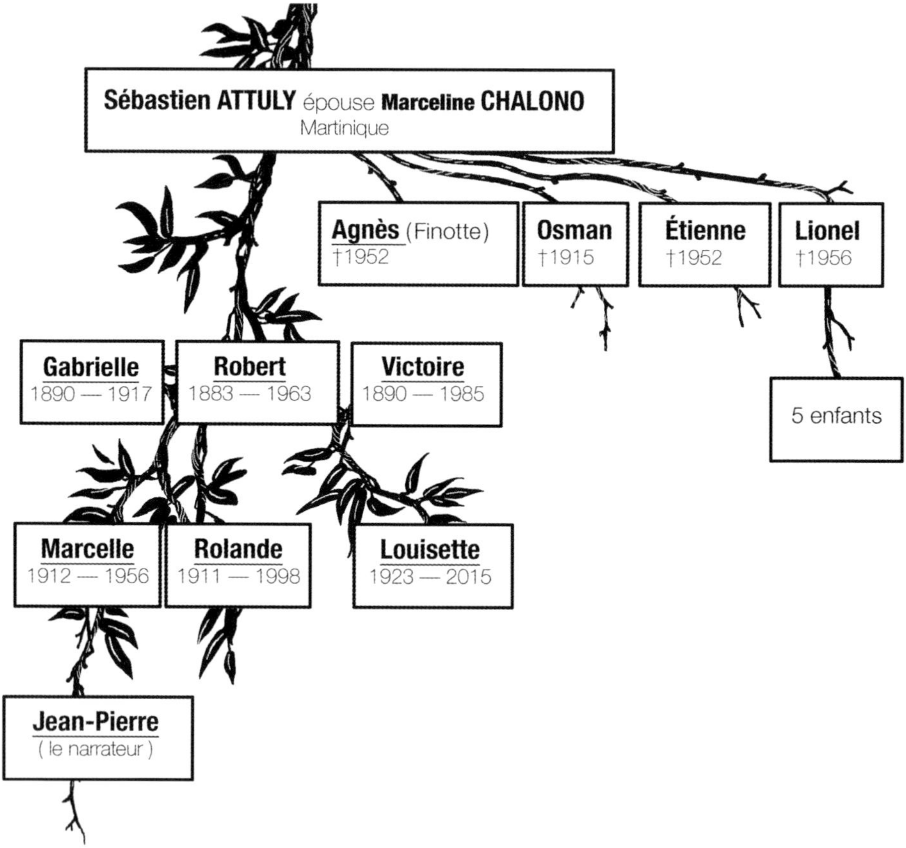

© Vincent Roucher

POÈMES D'EXODE, D'EXIL ET D'ESPOIR (1942-1943)

Marcelle Attuly

À ma sœur Rolande qui est restée en France et qui a pu rentrer à la maison.

Le cœur ouvert

D'un bon coup, le malheur nous l'a ouvert, ce cœur, et comme il s'allège en saignant, et comme il s'élargit sous la blessure !

On tient soudain à tant de choses qu'on voit pour la première fois ! Oui, il y a l'Hôtel de Ville où logeait notre vieux collège – et puis ce coin de place, vu au passage, en Normandie, il y a le ru du village – et puis ce détour de la Vienne, avant Bussière-Poitevine... Ils sont à nous aussi, entrés dans notre corps, au nombre des richesses que nous assemblons dans l'exil pour en faire un bouquet de France.

Il faudra revenir les voir.

Alors, on pourra les oublier, alors seulement on aura le droit de les oublier. Après leur avoir rendu grâce, les avoir revus dans la paix, à leur place, on pourra refermer ce cœur et affaiblir ses battements, être enfin pauvre et égoïste, comme avant.

Ce qu'on disait en partant

Ce qu'on disait en partant, en faisant les pauvres bagages, en pleurant, ce n'était pas sa peur, ni sa haine, c'était « non », on criait « non ! » tout bas, en courant dans l'escalier, c'était une dénégation rageuse. Ils n'auraient rien. Pas cet objet, ni cet objet, ni cet autre, et ils n'ont rien eu, même pas ce que nous pouvions perdre et qu'ils pouvaient nous voler puisqu'avec nous en partait l'âme.

En plus de son âme à soi, qui flanche un peu, en plus de son enfant serré dans un bras et encore vêtu des langes de la nuit, c'est très lourd à porter, l'âme de tant de choses, de la maison, de la famille, du jardin, l'âme du pays. C'est pourquoi l'on pleure, je crois, on se dit : « Je ne pourrai jamais tout emporter ! », mais on a tout emporté. Tout est là.

Les choses

Les gens, peut-être suffira-t-il de les regarder et ils souriront en réponse. On parle si peu, au retour, même à ceux qu'on aime le mieux ! Ils ne savent jamais combien on a langui. Peut-être même suffirait-il sans les voir, de penser à eux. Ce moyen-là a tant servi qu'il est devenu aujourd'hui presque efficace.

Mais les choses il faut les revoir, il faut les embrasser et les remercier du regard, il faut crier leur nom et pleurer de joie, parce qu'elles n'ont pas pu se souvenir des exilés. Les gens, si, mais les choses, il faut en reprendre possession dans un grand élan d'amour. Elles ne peuvent savoir à quel point nous rêvions d'elle. Elles ont dû nous oublier.

Dire qu'un jour

Dire qu'un jour je longerai le square de Vaugirard, je passerai dans les allées du Luxembourg, en pensant à tout autre chose ! Dire qu'un jour je monterai l'escalier, que j'ouvrirai la porte de la chambre et que ce sera un geste machinal !

Ces gens parlent de toi

Ces gens parlent de toi, ma France, comme si tu étais perdue : ils te jugent, ils te plaignent, ou ils te regrettent. Alors que le malheur présent est pour toi la gorgée amère qu'on avale, ils pensent que tout est fini.

Pourtant, chaque coup de nos cœurs dit qu'il se trompe, sait que tu vis. Quand nos cœurs cesseront de battre, peut-être alors nous ne le saurons plus… mais ils battent. Et pour la relève du mien, j'ai celui de mon enfant, sans fatigue et sans fêlure, tout neuf.

Pardonnez-moi d'avoir pleuré

Pardonnez-moi d'avoir pleuré, mes amis, quand j'ai su que vous étiez morts. J'avais senti le « jamais » ou le « jamais plus » de notre rencontre. Avais-je donc besoin de ces mains que l'on serre, de ce sourire, de cet accueil ? Êtes-vous morts, simplement parce que je ne pourrai plus vous voir ?

Pardonnez-moi d'avoir douté, par lâcheté. J'hésiterai, je pleurerai avant de prendre en charge, fardeau sacré jusqu'à la mort, votre amour du vrai, votre vaillance, votre tendresse et tous vos rêves restés vains, ô toi emporté par la maladie, vous disparus, toi tombé à l'assaut et toi écrasé sous les bombes, ton petit enfant dans les bras.

Ce que je me dis

Quand on prend le tournant pour arriver à Cœuvres après avoir passé Soucy, on voit le champ, on voit ses mottes de terre grasse. On ne peut guère arrêter l'autocar, pour en prendre une poignée et on ne peut pas y mordre.

C'est pourtant ce qu'on voudrait faire.

La sagesse difficile

I

Temps perdu à penser à moi, à ma peine. Temps perdu : l'âme est immortelle.

Il n'y a qu'une maladie, le doute, qu'une mort, le mal.

Mais c'est dur de garder au cœur cette assurance embrasée quand un être aimé est malade, quand c'est un ami qui est mort.

II

Je sais. Je sais bien. Ce qui compte, c'est la vérité.

Mais est-ce ma faute, à moi, si la vérité se confond avec nos paysages et le mensonge avec l'envahisseur ? Si pour moi la pire ignorance est l'exil et la connaissance finale notre maison ? J'embrouille tout, parce que je pense à toi. Sans doute un tour de mes larmes.

Le petit

Dans la voiture, je ne disais rien, ni toi, ni personne. Personne ne pleurait non plus, peut-être à cause du petit. Si petit, si l'on voit sa mère sangloter, on comprend, peut-être et on est peut-être affolé. Pour qu'il se crût en promenade, je ne le serrais pas trop fort. Il me regardait, tout de même. Comme il me regardait !

Et de neuf heures du matin à sept heures du soir, comme s'il s'est bien tenu ! Je persiste à croire qu'il savait que quelque chose allait très mal, et qu'il s'arrangeait pour faire semblant d'être ferme et raisonnable, comme moi.

Mais il y avait bien plus de mérite, parce qu'il avait seulement six mois.

Puisqu'ils n'étaient que de passage

Puisqu'ils n'étaient que de passage, ils auraient pu venir à pied, bons compagnons du tour du monde, avec leurs besaces et leurs gros souliers ; les gars de l'autre côté du fleuve, qui veulent savoir comment cela se fabrique chez nous, le bonheur, comment c'est un château, et comment c'est un champ, et qui disent en s'en allant : « Nous garderons le souvenir de vos coteaux, de vos rivières, le goût de vos vins ; nous avons deviné aussi que votre méthode invisible et claire valait bien notre fameuse organisation. Mais quand vous viendrez par chez nous, vous admirerez nos vergers et nos forêts et la vierge en bois sculptée de notre musée de Bavière. Et c'est à nous, tout de même, Beethoven, et c'est à nous Dürer. Vous verrez… »

C'est bien tant pis pour eux s'ils ont préféré faire tout ce chantier sanglant, et s'ils nous laissent des souvenirs qui ne leur font pas honneur.

Souhait

Dieu veuille que la sacrée pudeur française ne revienne pas quand on commencera à voir les côtes, car il faudra se jeter dans les bras l'un de l'autre.

Dieu veuille que la sacrée pudeur ne revienne pas lorsque nous toucherons la terre, car il faudra bien tomber à genoux et chanter la Marseillaise en pleurant.

Toi qui es ma sœur...

Toi qui es ma sœur et vous tous qui m'aimez, je sens ce que vous pensez, que je suis à l'abri et que je suis heureuse. Vous en êtes contents, vous dites : « En voilà une, au moins, qui respire à l'aise, qui mange à sa faim, qui n'a jamais entendu la patrouille dans la rue, qui n'a pas peur des bombes ni de la prison, et qui ne rêve pas la nuit qu'on vient arrêter un otage dans sa maison et vous faites un peu de réconfort avec ma paix. »

Mais moi qui vous aime, je dis : « Encore un jour qu'ils ont souffert sans que je partage leur peine, encore un jour sans rien savoir, encore un jour sans toi, encore un jour sans eux. » Et ma sécurité me paraît dérisoire, et ma peine trahison.

Il y a des jours

Il y a des jours où l'on ne veut plus penser à la France, ni la défendre ; ni lire de belles choses sur la France, ni être fière et belle : on veut être en France.

On veut entendre dire en français des mots sans valeur et sans importance. « Le facteur est passé. » « Il va pleuvoir demain. » « On a encore oublié de fermer la grille. » Ou n'importe quoi. On veut s'en moquer parfaitement, de la France, être la France, une parcelle de la France. Être, simplement, et se reposer.

La petite médaille

Tout finit par se remettre en place. On se dit que c'est bien pire à Azincourt, que le pays est toujours là, avec ses espoirs et ses forces. Et la maison, on la rebâtira.

Mais quand tu penses à la médaille que ta mère a donnée à ton petit garçon, le lendemain de sa naissance, tu sais qu'elle est perdue : qu'il était seulement grand et discret amour ; que le petit est si petit et que ta mère se fait vieille, sans même avoir pu le revoir. Et dans cette sanglante histoire, si la médaille a disparu, tout peut se retrouver et se remettre en place, il te manquera toujours.

L'arrachement

L'arrachement, nous l'avons tous vécu, nous, en France, et tous ceux qui aiment la France. Maintenant, nous savons ce que sent l'arbre qu'on arrache : c'est perdre en même temps sa mère et sa maison, son passé et son espoir. Et nous, les arbres arrachés, nous avons gémi comme l'arbre abattu : le ciel s'est empli de ce gémissement unique. L'arbre arraché qui geint de la dernière, lente angoisse, c'est la fuite au temps de la défaite.

Et tout de suite on a retrouvé sa terre, on y accroche ses racines, où l'on se tient sans peur, où l'on peut se nourrir, la terre réconfortante de son pays. Elle était là, dans notre cœur, nous l'ignorions.

Ça n'empêche pas, nous rebâtirons la maison, après être rentrés chez nous, car nous sommes de pauvres hommes, amoureux de terre faite en terre.

Et c'est bon, c'est bon de savoir que rien ne meurt.

Je me souviens

Je me souviens des soirs d'été, quand on s'accoude à la fenêtre. Et sur les coteaux, là-bas, bien rangés, ces bêtes paisibles qui sont des gerbes de blé ; et le cri familier que pousse le train avant de passer sous le pont. Alors, très lentement, on ferme les persiennes.

Tout cela qu'ils ne pouvaient pas prendre, pourquoi nous l'ont-ils arraché ?

La mère

On entend cette voix qui dit : « La France a déposé les armes. » Et l'on se sent comme l'enfant dont la mère n'a plus de lait, l'enfant qui mord le sein, qui est désespéré, et qui crie avec de grosses larmes, qui crie, mais la mère n'a plus de lait.

Ce jour-là, je l'ai su, être l'enfant qui meurt de faim, ce n'est rien, ce n'est presque rien. Mais la mère qui voit que l'enfant va mourir, trop de douleurs la font saigner et elle aura trop souffert.

Quelquefois on pense

Quelquefois on pense qu'on préférerait être dans le noir, dans le train qui va à La Palice, dans le désert moral… Et comme il faisait froid, à cinq heures du matin, en décembre 1940 ! Dans le compartiment les gens se taisaient, se concentraient pour garder leur chaleur et pour subsister aussi dans leur essence, dans leur autonomie. Deux seulement, qui étaient jeunes, parlaient à voix basse d'un avenir immédiat et mesquin. Mais on était en France.

Et en arrivant à l'hôtel glacé, on n'a pas le droit de manger, car on a oublié sa carte… L'hôtelière l'a dit très fort « Je ne peux rien vous donner, Madame… » On pense humblement qu'une journée sans manger, ce n'est rien. Mais comme on est en France, quand les autres sont partis, la femme revient et fait doucement : « Bien sûr, vous déjeunerez comme d'habitude... ».

Le paquet au prisonnier

Je ne l'ai pas envoyé, mais on me dit ce qu'ils y mettent. Pour cinq pesos : « des fruits secs, un kilo de corned-beef, du lait sec, du café en poudre, trois barres de chocolat, un morceau de savon ». Et tandis qu'on me détaille ces richesses, ce paquet-là, Dieu, je n'ai pas donné les cinq pesos ! Mais ce paquet-là est parti et il arrive dans ces camps où mes amis attendent la victoire, les amis que je sais prisonniers et, ce que je ne veux pas savoir, morts. Chacun rayonne en rapportant ce paquet-là. Les copains disent : « Quelle chance nous avons ! Du corned-beef et des fruits secs ! et du lait sec ! et du savon, les gars ! » Leurs mains en tremblent. Mes mains en tremblent, mes mains vides.

La nuit

Je te parle. M'entends-tu ?

La nuit seulement, je te souris. Quelquefois je peux rire. Dans la journée, tu me manques, et je ne sais jamais ce qui a pu t'arriver.

Mais la nuit, tu es là. Je te défends de tous nos souvenirs, de tous nos secrets : je te garde du froid avec le feu ronflant de notre chambre au collège, de la faim, avec les horribles gâteaux que tu faisais à huit ans, du désespoir, avec les contes que tu inventais pour me consoler. Je sais que tu es là, je te parle, je te touche.

Mon seul souci, c'est que je ne suis pas absolument sûre que tu le saches.

La pitié

Qui a dit que c'était bon, la pitié ? Bon pour celui qui la donne, car c'est son dernier recours.

Ton bel enfant a perdu ses richesses, sa chambre et sa layette... Regarde vite celui-là qui est vert de fatigue, fais vite l'aumône de ta pitié, tu es sauvée.

Et la maman, dans la voiture, qui a erré pendant six jours, songe à sa voisine qui fut mitraillée, dont l'enfant était mort sur les coussins arrière, et tant de pitié l'envahit que son enfant à elle, son petit enfant vivant n'a plus l'air si malade.

Le fleuve

Ma France est ce fleuve sage et profond où toutes les richesses doivent s'ensevelir, afin de revenir purifiées sur la terre, où toute souillure reste à la surface, pour se dissiper au premier grand vent.

Ma France est aussi le bras de la rivière, au fond du jardin de Thérèse – le ruisseau du village du côté du moulin – et le goutte-à-goutte invincible de la borne-fontaine à vingt mètres de notre maison.

Ce soir-là

Ce soir-là tombera enfin. Peu importe si je dois l'attendre longtemps ce soir-là, seras-tu à la gare ? Est-ce toi qui conduiras la voiture ? Peut-être n'y aura-t-il plus de voiture ?

Où seras-tu, à la maison ? La lampe est allumée dans la cour et tu descends vite sur les marches.

Ou tu te trouves dans la salle, car je suis arrivée plus tôt qu'on ne pensait. On parle tous ensemble, trop émus pour pleurer. Et qui emporte ma valise ? Alors nous nous prendrons les mains, et nous ne nous serons jamais quittés.

Juin 40

Heureux ceux qui sont morts, disaient les imbéciles, avant d'avoir vu la défaite.

Et je pensais : « bien malchanceux ceux qui ne verront pas la revanche ».

Et ces gens-là pleuraient en se cachant les yeux.

Moi je regardais droit, et si les pleurs coulaient, c'était bien pour leur propre compte, car je me disais : « maintenant qu'il s'agit vraiment, non de tuer, mais de survivre, maintenant qu'il ne s'agit plus que d'endurance et de fierté et seulement d'intelligence et seulement de volonté, maintenant qu'on ne parle plus du nombre d'effectifs ni d'usine de guerre, nous allons gagner ».

L'assaut

Résignation, sérénité, vertus que l'on croyait avoir enfin apprises, par peur de souffrir, que devenez-vous au coup de sonnette qu'on n'attendait pas ? « C'est peut-être une lettre. »...

Et l'espoir vous assaille, et le désespoir, comme deux démons.

Le casque rouillé

Comme il faisait beau ce jour-là, tu te souviens ? Ton pied, dans le pré, a heurté un vieux casque, celui d'un ennemi vaincu, d'un mort en vain ; et nous avions presque pitié de lui comme il convient pour qui meurt sur la terre des autres. « Cette fois, as-tu dit, ils n'arriveront même pas à cette colline. » C'était plus qu'un optimisme, une certitude, c'était deux jours avant d'abandonner notre maison.

Nous avons donc eu de longs mois pour ne plus oser y penser et pour nous sentir ridicules. Mais notre grande peine et leur grande victoire, c'est dans vingt ans d'ici quelques casques rouillés autour de nos jardins reconquis et paisibles. Tu avais raison.

Aujourd'hui, mon pays

Aujourd'hui, mon pays, tu pèses contre moi comme un enfant bien malade, assoupi un instant sur mes bras. Je sens la maigreur, ta moiteur, ton pauvre souffle, ta misère. Toute ma force inutile reste à pourrir d'angoisse en moi. Je ne peux même pas te caresser le front.

Ceux qui disent t'aimer

En caressant leur belle édition de Montaigne, il répète que la France est immortelle. Mais moi, je pense au typographe.

Il a cinquante ans, des yeux las, deux fils aux armées ; et dans la librairie, je vois la caissière, avec son sourire sévère et la vendeuse je la vois, sur ses pieds gonflés. Je sais qu'elle a un amoureux.

Je me demande s'ils sont tous deux morts.

Et quand ces gens rangent leur livre, ils disent encore « immortels ». Mais moi, je sais qu'un inconnu mangé de poux qui se retourne sur la paille, qui va mourir dans quelques jours, eût été, ou lui, ou son fils, notre Montaigne d'aujourd'hui.

Prière

Mon Dieu, versez au cœur des gens de mon pays la centième partie de mes certitudes et de ma foi et la France est debout demain, pure et terrible, avec ses mains compatissantes et ses yeux de lumière.

Mais pourquoi demander de faire, mon Dieu, ce que vous avez déjà fait ?

La mort

I

Après les bois qui nous cachaient, en entrant sur le pont de Creil-Montataire, tu l'as dit plus tard, tu as vu trois avions au ciel.

S'ils sont allemands, nous sommes morts. Tu as attendu la mort cinq minutes interminables sans souffler mot, sans lâcher le volant que toi seule pouvais prendre. Tu as eu peur, ô ma vaillante, de ne pouvoir nous sauver.

Et moi, sans voir le ciel, sentant autour de nous tout ce vide et la fin probable, j'ai soudain oublié le petit sur mes genoux, j'ai soudain perdu la peur de mourir.

II

J'avais étouffé, dans les bois. Trop de réfugiés, la motocyclette brûlant dans un fossé, les branchages sur les toits des voitures des Ardennes ; trop d'espoir, jusqu'à la dernière seconde où il avait fallu voir sa cocarde, que cet avion abattu dont on traînait vers nous la carcasse serait un avion ennemi. Si nous étions comme des bêtes dans un piège, si c'était notre avion qui tombait, si c'était la fin, si c'était juste le moment de s'en moquer, de mourir. « Et après ? Si je m'en moque de mourir, vous serez bien avancés ! Si je m'en moque de mourir, où est votre victoire ? »

III

Alors je serais morte de bon cœur, sur cette plaine de Creil, qui n'est pourtant pas belle, n'en déplaise aux gens de Creil. Je comprenais d'un coup que ce plat pays ouvert devant nous sans un refuge était un morceau de France et aussi bon qu'un autre à recevoir mon témoignage.

Si difficile à dire, si léger, l'éblouissement de qui a dompté le vertige...

Pourtant, plus désarmés que nous, plus inutiles, s'en trouvait-il ? Et tout était perdu. Mais si j'y pense, je comprends tout à coup pourquoi agit le général, dans une ferme, qui dit fort poliment : « Messieurs, nous devons tenir encore trois heures » et qui est si calme, et l'avant-dernière rafale de mitrailleuse est pour lui, il l'a prévue.

Entre ma valise et mon bébé, j'étais comme lui dans sa ferme. J'acceptais de mourir pour prouver l'existence de mon pays.

IV

Quand je parle de mon pays, je me vante. Je ne songeais à rien d'aussi grand, et si j'étais prête à mourir de bon cœur, ce n'était pas pour la Liberté, ni pour la République, ni l'avenir de mon enfant, ni mon village. Rien de grand, mon Dieu, rien de grand. Sans uniforme, sans arme, sans mission, je laissais instinctivement aux soldats le soin de mourir pour les beaux prétextes humains et il ne me restait que les motifs négligeables, les liserons et les sureaux, par exemple. Il faut bien que tout soit pris en charge. Assez de maçons, de jardiniers et d'architectes, dans notre armée, acceptaient de mourir, en bloc, pour les maisons et les jardins de France. Assez de terrassiers pour les routes, assez de villageois pour mon village à moi, mais personne ne se présenterait sans doute pour les liserons et les sureaux. Moi si.

V

Certes, on a eu peur, on est en rage, on rejette l'intolérable provocation : « Les imbéciles là-haut ! avec de la fonte et des tôles, de l'orgueil et de la poudre, des mécanismes, qu'allez-vous faire maintenant, les imbéciles, si en face de vous je dresse ma mort et mon amour ? Comment ferez-vous pour que rien n'en subsiste, de cet immense et paisible amour ? J'ai à choisir : moi, ou mon pays, et si mon pays l'emporte, je suis libre. Alors son histoire, ses champs, ses pierres, sa gloire, ses enfants, ses arbres, tout a passé en moi, je suis dans tout. Les liserons, chaque sureau, ont reçu de moi l'assurance de survivre. Je sais qu'ils me le revaudront. Je ne fais pas un marché de dupe. »

VI

Juste le moment de s'en moquer, de mourir. Et après ? Si je m'en moque de mourir, vous serez bien avancés ! Si je m'en moque de mourir, où est votre victoire ?

C'est pourquoi les gamins de la RAF[1] qui descendaient dans leurs camions, vers des campements qu'ils quitteraient de nouveau très vite, riaient vers nous et nous faisaient des signes amicaux. Nous sentions pourtant bien la défaite et l'angoisse. Et pendant le combat aérien de l'aube, ils avaient tous accepté de mourir, en fait, pour nous, pour la fille des réfugiés et leur maison en flammes, leurs hardes, leurs mesquines vies, leurs bébés sur leurs genoux, pour moi qui passais, pour mon petit. Ils l'avaient tous accepté et beaucoup avaient été au bout de cette acceptation. Alors ils nous savaient invulnérables, immortels. N'avaient-ils pas fondé notre impérissable vie en mettant leur vie à eux dans l'autre plateau, en échange ?

VII

Je sais cela, moi qui n'ai pas reconnu au ciel un bombardier, pas entendu une détonation, pas vu un ennemi, je le sais parce qu'un éclair de vérité vaut autant qu'une longue méditation ; parce que le moment où la peur et la haine sont fondues dans l'amour est le même pour

1. RAF : *Royal Air* FORCE, l'aviation de guerre anglaise.

le héros qui tient dans l'enfer depuis des heures, depuis des jours, et pour la jeune femme qui a cru courir un danger et dont le beau petit enfant, qu'elle tient sur les genoux, la regarde avec confiance.

Quand la main du Destin s'ouvre, quand on n'est pas pris au mot, on revient vers la vie avec un cœur tout propre.

Et si l'on meurt, Dieu m'est témoin, si l'on meurt, l'âme monte au Ciel, car elle est libre de toute souillure, sans regret, sans haine, pleine de satisfaction et d'amour.

TABLE

TROISIÈME PARTIE
MA QUESTION NOIRE

Table

Imprimé en France par Présence Graphique - Monts

Composition : Nord Compo

N° d'imprimeur : 062066314
Achevé d'imprimer : juin 2020
Dépôt légal : septembre 2020